Brigitte Marx-Lang
Berufliches Parkett –
Ihr Auftritt bitte!

Brigitte Marx-Lang

Berufliches Parkett – Ihr Auftritt bitte!

Ein praktischer Ratgeber

SEHNERT

Die Autorin

Nach längerem Aufenthalt in Saudi Arabien und Libyen hat Brigitte Marx-Lang Sozialpädagogik und Erwachsenenbildung studiert.
Seit 1990 ist sie in der Erwachsenenbildung, überwiegend in Leitungsfunktion, tätig und Autorin mehrer Veröffentlichungen zum Thema Berufsbiographie.

Ihr Schwerpunkt hat sich im Laufe der Zeit stetig von reiner Bildungsarbeit hin zu Aufgabenfeldern in der freien Wirtschaft entwickelt. So bietet sie heute hauptsächlich individuelle Beratungen und Trainings rund um berufliche und persönliche Weiterentwicklung an.

Brigitte Marx-Lang
Berufliches Parkett – Ihr Auftritt bitte!
Ein praktischer Ratgeber
2. Auflage

Einbandgestaltung und Gesamtherstellung
Druckerei Lokay e. K., Reinheim
ISBN 3-9807541-1-1

Umschlagfoto: Sabine Götz, S-line Kreativstudio, Darmstadt

Berufliches Parkett – Ihr Auftritt bitte!
Ein praktischer Ratgeber

Inhaltsverzeichnis

1. Was unterscheidet erfolgreiche Menschen von anderen? – Eine Einleitung 7
   1.1 Authentizität 9
   1.2 Souveränität 10
   1.3 Lockerheit 10

2. Souveränität durch Umgangsformen 13
   2.1 Wie man in den Wald hineinruft ... 15
   2.2 Die Begrüßung im Arbeitsleben 17
   2.3 Die Begrüßung per Handschlag 18
   2.4 Angemessenes Verhalten bei geschäftlichen Einladungen 20
   2.5 Gesellschaftliche Etikette 22
   2.6 Das Geschäftsessen 24
   2.7 Souverän auch im Kontakt mit ausländischen Gästen 26
   2.8 Dresscode bei dreißig Grad im Schatten 28
   2.9 Neuerungen in Übereinstimmung mit der Persönlichkeit 31
   2.10 Visitenkarten 32
   2.11 Privates und die Arbeit 33
   2.12 Hierarchien und der Umgang damit 35
   2.13 Über den Umgang mit Lob und Komplimenten 37

3. Den richtigen Beruf finden 39
   3.1 Welcher Beruf passt zu mir? 40
   3.2 Aufbau eines Studiums mit anschließender Job-Garantie 42

4. Neue Wege in der Bewerbung 45
4.1 Individuelles Kompetenzmarketing 45
4.2 Das Bewerbungsschreiben 47
4.3 Das Vorstellungsgespräch 49
4.4 Der erste Tag 52

5. Er kommt noch früh genug - der Berufsalltag 57
5.1 Eine geschulte Sprache macht sich bezahlt 58
5.2 Klarheit über das eigene Denken und Fühlen vermeidet Konflikte 60
5.3 Gekonnt telefonieren – das Salz in der Suppe des Arbeitsalltags 61
5.4 Vorträge vorbereiten – das Publikum verdient Respekt 63
5.5 Vorträge halten – Lampenfieber gehört dazu 65
5.6 Vorträge halten – ein Zwiegespräch mit dem Publikum 67
5.7 Geschäftsgespräche zielgerichtet und ergebnisorientiert führen 68

6. Kommunikation und die Probleme damit 71
6.1 Gelungene Kommunikation ist Glückssache – oder doch nicht? 71
6.2 Kritik äußern ohne zu verletzen 73

7. Der Umgang mit Konflikten 75
7.1 Konflikte gehören zum Leben 75
7.2 Konflikte als Chance 76

8. Mobbing darf nicht akzeptiert werden 79
8.1 Zivilcourage bei Mobbing 79
8.2 Aktive Mobber outen sich selbst 80
8.3 Warum trifft Mobbing die Starken? 82

9. Selbstmanagement 85
9.1 Den persönlichen Gestaltungsspielraum erkennen und nutzen 85
9.2 Der tiefe Wunsch nach Zeit 87
9.3 Berufliche Ziele finden und realisieren 89
9.4 Berufliche Ziele – der Prozess kommt in Gang 91
9.5 Selbstzweifel sind überwindbar 92
9.6 Wenn Karriere-Träume zum Greifen nah sind 95
9.7 Neue Motivation durch Weiterbildung 97

10. Smalltalk, die gute, alte, Konversation 99
10.1 Smalltalk ist eine erlernbare Kunst 99
10.2 Für den ersten Eindruck gibt es keine zweite Chance? 101
10.3 Selbstdarstellung im beruflichen Smalltalk 103
10.4 Authentizität ist Imagebildend 105
10.5 Smalltalk unter schwierigen Bedingungen 106
10.6 Worüber soll man bloß reden? 108
10.7 Selbstoffenbarungsangst bei sich und anderen respektieren 111

11. Coaching und Karriereberatung 115
11.1 Was es ist und worauf man achten muss 116
11.2 Voraussetzungen 118

12. Zur Person 121

Literaturliste 123

1. Was unterscheidet erfolgreiche Menschen von anderen?

Eine Einleitung

Kennen Sie das unangenehme Gefühl, sich nicht ganz wohl in der Haut zu fühlen, Fragezeichen im Blick zu haben und einer Situation nicht wirklich gewachsen zu sein? Namentlich in beruflichen Zusammenhängen? Das berufliche Parkett kann ganz schön glatt sein und unangenehme Fallstricke bereithalten und damit sind Verunsicherungen Tür und Tor geöffnet.

Die Umgangsformen erfahren eine Renaissance, nachdem sie jahrzehntelang eine eher untergeordnete Rolle spielten, sie kommen jedoch teilweise in neuer Gestalt daher. Die Zeiten haben sich geändert und mit ihnen die Umgangsformen, im beruflichen Alltag sind andere Konventionen gebräuchlich, als im gesellschaftlichen Leben. Es ist wichtig, beide Formen zu kennen und virtuos anwenden zu können, um sich der Situation gewachsen zu fühlen.

Denn es geht um mehr, als um Umgangsformen zu reinem Selbstzweck: Beruflicher Erfolg hat nur noch zu einem kleinen Anteil mit Qualifikation und Kompetenz zu tun, denn diese Komponenten sind in den Zeiten des Lebenslangen Lernens und der Qualifizierungsoffensiven der ehemaligen Bundesanstalt für Arbeit beinah zur Selbstverständlichkeit geworden. Es geht vielmehr um das, was den ganzen Menschen ausmacht, seine Unverwechselbarkeit und das, was ihn von anderen unterscheidet. Hier liegt der Schlüssel zum beruflichen Erfolg.

Was also macht erfolgreiche Menschen derzeit aus und unterscheidet sie von anderen? Schauen wir uns dazu Untersuchungsergebnisse von Albert Mehrabian[1] an, die besagen, dass die Wirkung einer Botschaft nur zu 7% vom Inhalt abhängt, 38% auf das Konto der Stimme gehen und gewichtige 55% vom Gesamteindruck der sendenden Person ausgehen. Andere Ergebnisse, einer IBM-Untersuchung in Amerika zugeschrieben[2], sagen, dass beruflicher Erfolg zu 10% von der Fachlichkeit, zu 30% vom Image und zu 60% vom Bekanntheitsgrad einer Person abhängen.

Aus meiner eigenen Erfahrung als Coach und Karriereberaterin kann ich oben genanntes nur bestätigen. Es geht in der Tat zum großen Teil um den „Sympathiefaktor“ – wer sympathisch ist wird eingestellt, und sympathisch ist, „wer so ist wie ich“. Was heißt das, wenn wir das auf den Beruf übertragen? Was ist Sympathie? Wer findet wen sympathisch, was wird in welchem Umfeld als sympathisch betrachtet? Gibt es so etwas wie einen Roten Faden der Sympathie?

Michael Hartmann hat in einem Interview[3] die Aussage gemacht, dass Kinder aus so genannten Oberschichtfamilien, wo mindestens ein Elternteil bereits eine Führungsrolle einnahm, besonders häufig in Führungspositionen anzutreffen sind. Sie würden sich durch Souveränität (Unabhängigkeit), Authentizität (Echtheit) und eine gewisse selbstverständliche Lockerheit im Auftreten auszeichnen.

Wenn wir also davon ausgehen, dass diese Fähigkeiten die derzeitige Führungsriege charakterisieren, dann lässt sich daraus, unter Berücksichtigung des Satzes „sympathisch ist, wer so ist wie ich“ ein bestimmter Verhaltenskodex ableiten.

1.1 Authentizität

Die Aussagen zur „Authentizität“ decken sich durch die derzeitige Tendenz von Arbeitgeberinnen und Arbeitgebern, Menschen einzustellen, die sich und ihre Fähigkeiten kennen und selbstbewusst darstellen können. Die aber auch genau wissen, wo sie diese Fähigkeiten einsetzen wollen: nicht in einem x-beliebigen Unternehmen, das nach dem Gießkannenprinzip ausgewählt wird, nach dem Motto „Hauptsache ein Job“, sondern in dem Unternehmen, mit dem man sich identifizieren kann und das man mit der persönlichen Leistung weiter bringen will. Menschen entfalten dort ihre Fähigkeiten optimal, wo sie sich sozusagen zu Hause fühlen, in einem Umfeld, das ihnen entspricht und das sie und ihre Leistungen anerkennt.

Denn die Zeiten haben sich geändert, Arbeitnehmerinnen und Arbeitnehmer sind selbstbewusster geworden und schöpfen aus diesem Selbstbewusstsein viel Motivation. Sie sind keine Befehlsempfängerinnen und Befehlsempfänger mehr, die die Arbeit verrichten, die ihnen vorgelegt wird. Sie denken selbst mit und wollen das, zumindest durch Anerkennung in Form von Aufgreifen und Sichtbarmachen individueller Leistungen, honoriert wissen. Manchmal hinkt leider das Führungsverhalten einiger Chefs dieser Entwicklung hinterher, aber das ist das Thema eines anderen Buches.

1.2 Souveränität

„Souveränität" belegt sich durch die Renaissance der Umgangsformen: Es ist wieder eine spielerische ästhetische Komponente im gesellschaftlichen Miteinander wahrnehmbar, die die Kenntnis und die Umsetzung von Spielregeln, von Konventionen und von Umgangsformen voraussetzt und schätzt. Dazu gehört die Selbstsicherheit, mit diesen Spielregeln kreativ und der Situation angemessen umzugehen.

1.3 Lockerheit

Die „Lockerheit" schließlich setzt sich aus den beiden vorgenannten Charakteristika zusammen. Wenn man souverän und authentisch auf die Welt zu geht, das Gegenüber als gleichberechtigt wahrnimmt und der eigenen Fähigkeiten bewusst ist, dann schafft das die gewünschte Lockerheit im Umgang miteinander.

Wenn dann auch noch die Kenntnis um bestimmtes Handwerkszeug wie Umgangsformen, Kommunikationsregeln und so genannte Selbstvermarktungskompetenzen wie Bewerbungsstrategien oder Wege des Selbstmanagements bekannt sind, dann steht der Wirkung von Sympathie eigentlich nichts mehr im Wege.

Wir werden uns im vorliegenden Band, der aus einer Zeitungsserie hervor gegangen ist und der als praktischer Ratgeber mit einzelnen, in sich abgeschlossenen Kapiteln, zu verstehen ist (es schadet aber auch nicht, das Buch als Ganzes zu lesen...), mit berufsrelevanten Tipps für Arbeitnehmerinnen und Arbeitnehmern befassen. Es geht um Umgangsformen und um kommunikative Kenntnisse. Er richtet sich also in erster Linie an diesen Personenkreis, allerdings finden auch Selbstständige und Führungskräfte hier nützliche Anregungen, sie werden aber schwerpunktmäßig in einem anderen Buch behandelt. Die Anregung zu den Themen erhielt und erhalte ich in den täglichen Beratungen und in meinen Seminaren, also durch Beobachtungen und durch Fragen, die mir immer wieder gestellt werden. Es ist also ein Buch, das dicht an der Arbeitswirklichkeit ansetzt und es ist aus dem Bedürfnis heraus entstanden, einen kleinen Beitrag zu einem freundlicheren Arbeitsalltag zu leisten. An dieser Stelle ein herzlicher Dank an meine Klientinnen und Klienten, die mir über die Jahre hinweg durch ihre Fragen immer wieder Anlass zum Weiterdenken gegeben haben. Ebenso gilt mein

Dank Thomas Ehrt, Christian Meister und Ulrich Diehl vom Darmstädter Echo für ihre Unterstützung. Und er gilt dir, Trautel Baur, von dir habe ich sehr viel gelernt!

Ein besonderer Hinweis: Arbeit und Kapital können nicht ohne einander leben. Arbeitnehmerinnen und Arbeitnehmer stehen also auf einer Stufe mit den Arbeitgebern. Die einen haben die Arbeit, die anderen die Arbeitskraft. Keine Seite kann ohne die andere existieren. Es ist also ein Handel zwischen zwei gleichberechtigten Parteien. Diese Tatsache wird leider häufig übersehen.

2. Sympathievorsprung durch Umgangsformen

Jeder Mensch braucht, gerade in Zeiten der wirtschaftlichen Verunsicherung, Werte und Orientierung. Es ist deshalb kein Wunder, dass gerade im Augenblick gute Umgangsformen wieder gefragt sind. Aber was sind gute Umgangsformen? Was ist überholt, was ist übertrieben, was wirkt aufgesetzt, was passt wirklich zu mir?

Als wichtigste Voraussetzung zur Beantwortung dieser Fragen gilt die Entwicklung eines Gespürs für das richtige Verhalten in unterschiedlichen Situationen. Das starre Befolgen von Regeln kann zur Verkrampfung führen oder zu der Angst, etwas falsch zu machen. Das wäre fehl am Platz. Wesentlich ist vielmehr der angenehme Eindruck, der vermittelt werden soll. Die handelnde Person soll als rücksichtsvoller Mensch mit Takt erlebt werden, und nicht als rücksichtsloser Stoffel, der im Galopp durch die Kinderstube gebraust ist. Gute Umgangsformen haben deshalb immer mit Rücksichtnahme, Toleranz, Freundlichkeit, Zuvorkommenheit, Respekt – und zwar allen Menschen gegenüber! -, Hilfsbereitschaft und Ästhetik zu tun. Sie sind aber nicht starr zu handhaben, sondern geben einen Rahmen vor, innerhalb dessen man sich bewegt, aber dabei die eigene Identität bewahrt. Dieser Rahmen berücksichtigt den beruflichen Zusammenhang, denn die Umgangsformen spiegeln das Unternehmen wider, sie sind

Bestandteil des Corporate Identity, sie sind imagebildende Elemente und damit ein wichtiger Teil jeder Marketingstrategie. Wie die Beschäftigten, so das Unternehmen – und umgekehrt. Die Branche bestimmt die Umgangsformen mit, die Position im Unternehmen ebenso.

Es reicht aber nicht, Etiketteregeln lediglich zu trainieren, auch wenn es nicht ohne das geht, sondern die eigene Persönlichkeit, die Stellung, das Aufgabengebiet und die jeweilige Situation sind letztendlich für das Verhalten entscheidend. Wenn man die Regeln kennt, kann man sie auch kreativ und der Situation angemessen brechen. Denn gute Manieren müssen immer glaubwürdig und authentisch sein, ohne angelernt und damit übertrieben zu wirken.

Als Arbeitnehmerin oder Arbeitnehmer repräsentiert man ständig, ob bewusst oder nicht, das eigene Unternehmen, denn die Betriebszugehörigkeit endet nicht beim Verlassen des Büros. Man arbeitet in Teams, man trifft Kundinnen und Kunden, man geht in fremde Unternehmen und besucht mit Geschäftspartnern Restaurants, Seminare oder Vorträge, man steht also gut sichtbar in der Öffentlichkeit. Überall dort ist man dann über die eigene Person hinaus Repräsentantin oder Repräsentant des Unternehmens, steht unter Beobachtung und hinterlässt Eindrücke, die auf das Unternehmen zurück strahlen. Und damit sind gute Umgangsformen ein wichtiger Teil der Erfolgsstrategie, sowohl der eigenen, als auch der des Unternehmens.

Ein besonderer Hinweis: Hauptsache, man wirkt sympathisch! Also nicht an einem Fehler verzweifeln, sondern die Situation in Ruhe überdenken und beim nächsten Mal besser machen. Auch Profis treten manchmal ins Fettnäpfchen – und nutzen die Situation, um daraus zu lernen.

2.1 Wie man in den Wald hineinruft ...

Oft sind es die kleinen, eigentlich selbstverständlichen Dinge des Umgangs, die darüber entscheiden, ob wir mit anderen auskommen oder nicht. Höflichkeit erleichtert vieles, sie bildet sozusagen den Puffer zur Abfederung des harten Alltags. Deshalb sollten „Bitte“ und „Danke“ zu den häufig verwendeten Begriffen des Sprachschatzes werden.

Man sollte es sich angewöhnen, Danke zu sagen, wenn der Kaffee oder die Post gebracht wird, man bittet um die Erledigung eines Auftrages. Damit motiviert man zu deutlich mehr Engagement, als durch eine Aufforderung oder gar einen Befehl. Mit einem freundlichen „Bitte“ oder „Danke“ zeigt man die gute Kinderstube und demonstriert, dass man ein kultivierter Mensch ist.

Das gleiche gilt für eine Entschuldigung. Wenn im Alltag eine Panne passiert, hat man zum Beispiel jemanden unabsichtlich übersehen oder die Tür vor der Nase zugeschlagen, dann rettet eine Entschuldigung schnell wieder die Situation.

Man benutzt eine Entschuldigung auch vorbeugend, vor allem, wenn man anderen zu nahe kommen wird, zum Beispiel wenn man sich durch eine Menschenmenge drängen muss. Denn es löst Aggressionen aus, wenn die Distanz zu anderen verletzt wird und eine Entschuldigung entschärft diese Lage.
Wenn eine größere Panne passiert, man hat einen wichtigen Termin vergessen oder jemanden unabsichtlich beleidigt hat, dann entschuldigt man sich am nächsten Tag noch einmal schriftlich mit einem Blumenstrauß.

Auch im Büroalltag gelten Intimsphären, das heißt, man klopft an, bevor man einen Raum betritt, und wartet auf die Aufforderung zum Eintreten. Wenn die Tür des Büros offen steht, klopft man kurz am Türrahmen an. Eine Ausnahme bilden Großraumbüros, hier wird nicht geklopft. Wenn die aufgesuchte Person gerade telefoniert, dann wartet man auf ein Zeichen zum Näher treten, bleibt es jedoch aus, dann kommt man besser später noch einmal zurück.

Ein besonderer Hinweis: Pünktlichkeit ist die Höflichkeit der Könige! Und das gilt für alle – auch für Vorgesetzte. Manche Menschen finden es chic und Imagebildend, wenn sie ständig zu spät kommen. Es bildet in der Tat ein Image, aber bestimmt kein positives, denn es signalisiert lediglich Unhöflichkeit. Und das kann gefährlich werden

2.2 Die Begrüßung im Arbeitsleben

Die Arbeitswelt ist eine Bühne, auf der die Akteure sehr genau beobachtet werden. Wie benimmt sie oder er sich? Wie tritt sie oder er auf? Was hat sie oder er an? Das Image bildet sich aus diesen Faktoren, Vertrauen oder dessen Fehlen entsteht auf diesem Weg, Menschen werden – so platt das auch sein mag – aufgrund dessen Führungsqualitäten zu- oder abgesprochen. Das sollte Grund genug sein, sich um das Auftreten und die Gesamterscheinung gezielte Gedanken zu machen. Gute Umgangsformen und sicheres Auftreten sind nicht nur wieder im Kommen, sie sind auch wichtige Bausteine für die Karriere.

Entgegen der gesellschaftlichen Regel, der Herr grüßt zuerst die Dame, der Jüngere den Älteren, gilt im beruflichen Kontext eine andere Ordnung. Der oder die Ranghöhere wird von den Rangniedrigeren gegrüßt. Ranghöher ist, wer in der betrieblichen Organisation auf einer höheren Stufe steht. So kann es also sein, dass die ältere Mitarbeiterin den jüngeren Vorgesetzten grüßt. Selbstverständlich erheben sich sowohl Männer wie Frauen zur Begrüßung. Männer schließen dabei einen Knopf des Jacketts und nehmen die Hände aus den Hosentaschen.

Die Grundregel lautet also: Die rangniedere grüßt die ranghöhere Person.

Soweit die reine Lehre. Diese Verhaltensweisen haben im beruflichen Alltag eine Lockerung erfahren. So gilt es als ein Zeichen von Souveränität, wenn man andere Menschen zuerst grüßt. Ob es eine Begegnung auf dem Flur ist oder man einen Raum betritt, in dem schon andere sind, die neu hinzukommende oder die entgegenkommende Person zuerst wahrnehmende grüßt auch zuerst – unabhängig von der Rangfolge. Empfehlenswert ist es, dem jeweiligen Gruß den Namen des Gegrüßten hinzu zufügen. „Guten Morgen Frau Schmidt!" klingt viel persönlicher und schafft eine bessere Atmosphäre als ein lediglich gemurmeltes „Morgen".

Damit sind wir bei den gebräuchlichen Grußformeln. Es ist eine Unsitte und keine anerkannte Grußformel, das weit verbreitete „Mahlzeit" zu benutzen. Auch der Gebrauch des saloppen „Hallo" ist nur in bestimmten Branchen und Hierarchieebenen empfehlenswert. Angemessen ist in jedem Fall die der Tageszeit entsprechende Formulierung „Guten Morgen", „Guten Tag", „Guten Abend".

Ein besonderer Hinweis: Bitte schauen Sie Ihr Gegenüber beim Grüßen immer an. Und legen Sie ein kleines Lächeln in den Gruß – damit sieht die Welt gleich viel freundlicher aus und Lächeln macht sympathisch!

2.3 Die Begrüßung per Handschlag

Die Begrüßung per Handschlag blickt im europäischen Raum auf eine lange Tradition zurück.

Er war früher die Geste einer friedlichen Begrüßung, denn die rechte Hand griff nicht zum Schwert, sondern wurde offen zum Gruß dargeboten. So wird auch heute noch der Händedruck in unseren Breiten als Ausdruck von Höflichkeit verstanden, während andere Kulturen ihm eher mit Distanz begegnen.

Ein Händedruck hat eine höhere Verbindlichkeit als eine verbale Begrüßung. Man nimmt über den Hautkontakt vielfältige Informationen über die betreffende Person auf, die dann mit den übrigen Indikatoren der teils unbewussten Wahrnehmung kombiniert werden. Schlaffe, rücksichtslose oder feste und warme Berührungen hinterlassen einen Eindruck, der auf die gesamte Person zurückstrahlt.

Nach einem Handschlag erwartet man die Bereitschaft zum Austausch einiger Worte, wenn man es eilig hat oder keine Lust zu einem Gespräch verspürt, dann verzichtet man lieber auf einen Händedruck. Wenn einem jedoch die Hand gereicht wird, dann darf sie nicht ausgeschlagen werden – es käme sonst einem Affront oder einer groben Unhöflichkeit gleich.

Übrigens bietet die ranghöhere der rangniederen Person die Hand zum Gruß an. Bei Vorstellungsgesprächen kann es deshalb fatal sein, wenn die Bewerberin oder der Bewerber zuerst die Hand ausstreckt, möglichst auch noch forsch und im Gehen und mit breitem Lächeln im Gesicht. Wenn dann noch Palm, Handy und Autoschlüssel auf den Tisch geknallt werden, kann jeder positive Eindruck durch Kompetenz getrost vergessen werden: Man ist viel zu weit und viel zu demonstrativ in das Revier eines anderen Menschen eingedrungen um noch sympathisch zu erscheinen. Und der Sympathiefaktor spielt bei jeder Bewerbung nun mal eine große Rolle.

Noch ein paar beachtenswerte Details beim Handschlag: Bitte dem Gegenüber dabei in die Augen schauen ohne zu starren. Zigaretten werden selbstverständlich ausgedrückt. Frauen und Männer erheben sich. Bei verschwitzten Händen ein Stofftaschentuch als Notfallhilfe bereithalten – und benutzen.

Ein besonderer Hinweis: Sehr große Menschen halten etwas mehr Abstand und strecken den Arm etwas mehr, damit sie nicht „von oben herab“ wirken und damit ihr kleineres Gegenüber in Verlegenheit bringen.

2.4 Angemessenes Verhalten bei geschäftlichen Einladungen

Das Büro ist ein vertrautes Terrain, man kennt sich untereinander, bestimmte Verhaltensweisen sind aufeinander eingespielt und funktionieren, ohne dass man sich dazu große Gedanken machen muss. Was aber geschieht, wenn eine Einladung zu einem Vortrag, einem Jubiläum oder einer anderen halboffiziellen Gelegenheit im beruflichen Umfeld ansteht?

Bei einem eher lockeren Zusammenkommen stehen Förmlichkeiten zwar nicht im Vordergrund, aber schaden können sie auch nicht und sie bieten ein angenehmes Gerüst bei Unsicherheiten. So sollte man sich bei einer Ansprache strikt daran halten, dass während dessen weder gesprochen, getrunken, gegessen oder geraucht wird. Auch bei lockeren Anlässen wird ein solches, leider selten gewordenes Verhalten hoch angerechnet.

Gastgeberinnen und Gastgeber stehen auch bei einer größeren Veranstaltung an einer zentralen Stelle, von wo aus sie die eintreffenden Gäste begrüßen und in Empfang nehmen können. Halboffizielle Gelegenheiten haben immer auch das Ziel, Menschen zusammen zu bringen. Deshalb werden die Personen vom Gastgeber nach strategischen Gesichtspunkten bekannt gemacht und miteinander ins Gespräch gebracht. Auf diesen Wegen hat der Gast den Vortritt, bei unübersichtlichen Wegen geht der Gastgeber lenkend voraus. Dabei wird darauf geachtet, dass sich der Gastgeber bei genügend Platz links vor dem Gast befindet – das ist eine Geste des Schutzes und damit der Wertschätzung.

Angenehme Gäste lassen sich vom Gastgeber und dessen Vertretern lenken und nehmen diese Hilfe dankend entgegen. Wenn bei einer großen Besprechung oder einem Diner der Gastgeber dem Gast keinen Platz zuweist, so fragt man danach, welcher Platz vorgesehen ist – manchmal muss man Gastgebern eben auch nachhelfen.

Der Gastgeber erhebt sich bei Zuspätkommen eines Gastes und geht ihm zur Begrüßung entgegen. Für Gast und Gastgeber gilt gleichermaßen, dass Bewegungen und Gesten ausgewogen sind und stets berücksichtigen, dass eine gewisse Öffentlichkeit vorliegt: Signale der Ungeduld oder Langeweile wie Blicke zur Uhr, abschweifende Blicke durch den Raum oder gar der Griff zum Handy gehören ins Private und werden ebenso vermieden wie der Griff ins Haar oder Korrekturen an der Kleidung.

Ein besonderer Hinweis: Die gemachten Anregungen sind geschlechtsneutral zu sehen.

2.5 Gesellschaftliche Etikette

Es gibt die Zeiten der großen und kleinen Feste und es ist sinnvoll, den Unterschied zwischen der beruflichen und der gesellschaftlichen Etikette zu beachten. Etikette und damit die gesellschaftliche Rangfolge ist historisch gewachsen und kulturell überliefert und regelt die Begegnungen der gehobenen Art. Die Etikette ist keineswegs antiquiert sondern sie hat nach wie vor ihre Gültigkeit und wird, zumindest bei offiziellen Gelegenheiten im privaten und öffentlichen Rahmen auch heute noch angewandt. Früher bestimmte die Rangordnung, aus der die Etikette abgeleitet ist, wer an der höfischen Tafel näher beim Herrscher sitzen durfte und auch heute beschäftigt sie sich mit der Einordnung des eigenen gesellschaftlichen Stellenwertes gegenüber anderen Men-

schen. Dafür gibt es feste Regeln.
Die Regeln der gesellschaftlichen Rangordnung entsprechen herkömmlichen Kulturtraditionen. Trotz der Gleichberechtigung der Geschlechter nimmt die Frau einen eindeutig höheren Rang ein als der Mann. Die Grundregeln lauten:

1. Die Frau ist gegenüber dem Mann immer die Ranghöhere. Das äußert sich zum Beispiel beim Händedruck (die Frau reicht dem Mann die Hand), beim Gruß und bei der Vorstellung – Ladies first.
2. Gäste sind ranghöher als Verwandte.
3. Ältere Personen sind ranghöher als Jüngere.
4. Bei gleichgeschlechtlichen Personen ist die Ältere ranghöher gegenüber der Jüngeren.
5. Ausländer sind gegenüber Inländern gleichen Ranges ranghöher.

Bei allen privaten gesellschaftlichen Gelegenheiten setzen diese Rangfolgen berufliche Hierarchien außer Kraft – also auch dann, wenn man auf privaten Einladungen oder im Theater etc. Geschäftspartnern oder Vorgesetzten begegnet. Sind die Veranstaltungen hingegen beruflicher Natur, dann greift wieder die Geschäftshierarchie. Die Rangfolge im Job orientiert sich ausschließlich an der hierarchischen Stellung der jeweiligen Person innerhalb der Firma. Im beruflichen Alltag sind demnach die gesellschaftlichen Privilegien der Frau außer Kraft gesetzt.

Ein besonderer Hinweis: Es kann allerdings überhaupt nichts schaden, wenn Männer auch im Job Frauen zuvor kommend behandeln. Schließlich dokumentieren sie damit, dass sie Umgangsformen besitzen und laufen nicht Gefahr, sich als ungehobelter Hackklotz zu outen.

2.6 Das Geschäftsessen

Sage mir wie du isst und ich sage dir, wer du bist... Als Maßstab für gute Manieren gelten berechtigter Weise die Tischsitten. So ist es heute durchaus möglich, dass man im Rahmen eines Assessments – das ist ein mehrstufiges Bewerbungsverfahren - zu einem Essen gebeten wird. Dabei wird dann genau registriert, ob die Bewerberin oder der Bewerber Tischmanieren hat, sich in Gesellschaft zu benehmen weiß und dem Smalltalk bei Tisch gewachsen ist. Denn Geschäftsessen bilden eine wichtige Bühne für berufliche Zusammenhänge, bei denen Geschäftsbeziehungen auf- und ausgebaut werden. Deshalb hat bei gleicher Qualifikation die Bewerberin oder der Bewerber einen Vorsprung, der auch auf diesem Parkett sicher aufzutreten weiß.

Die wichtigste Regel bei Tisch ist die Wahrung der Ästhetik und die absolute Geräuschlosigkeit. Also bitte auch die Handys abstellen und keine unnötige Aufmerksamkeit auf sich ziehen. Sollte ein Missgeschick passieren, dann gilt hier einmal nicht die Regel „Störungen haben Vorrang“, sondern jede Störung wird bei einem Essen möglichst diskret gehandhabt. Fällt beispielsweise ein Glas um, dann entschuldigt man sich und winkt dezent der Bedienung, die das Malheur, selbstverständlich begleitet von einer Bitte und angemessenem Ausdruck von Dank, beseitigt.

Ebenso lässt man sich nicht laut darüber aus, ob man einen bestimmten Teil des Menüs mag oder nicht – stattdessen lässt man stillschweigend die abgelehnte Speise liegen. Die Nachbarn sollten dazu jede Bemerkung, wie „schmeckt`s denn nicht?“ vermeiden. Eine weit verbreitete Unsitte ist es auch, andere zum Nachlegen zu drängen, oder gar den Verzicht von Alkohol zu hinterfragen und sogar lächerlich zu machen.
Bei einem Gedeck für ein mehrgängiges Menü wird das Besteck von außen nach innen benutzt und die Gläser von rechts nach links verwendet. Die Serviette wird immer gebraucht, auch wenn sie aus Stoff ist. Einmal gefaltet liegt sie auf dem Schoß und vor dem Griff zum Glas tupft man sich damit die Lippen ab um keine Spuren auf dem Glas zu hinterlassen. Die benutzte Stoffserviette wird am Ende des Essens rechts neben dem Teller abgelegt. Benutztes Besteck berührt niemals das Tischtuch, selbstverständlich werden auch nicht die Finger am Tischtuch abgewischt. Das gekreuzte Besteck auf dem Teller signalisiert, dass noch nachgenommen wird. Liegt hingegen das Besteck eng nebeneinander auf dem Teller und deutet von „fünf vor halb“ auf „fünf vor voll“, ist das das Signal für die Bedienung, dass der Teller abgeräumt werden kann.

Bei Gelegenheiten, bei denen „es drauf ankommt“ werden Brot und Brötchen gebrochen. Keinesfalls schneidet man Brötchen auf und bestreicht sie mit Butter. In Nobelrestaurants bricht man das Brot einzeln in mundgerechte Stücke und streicht etwas Butter darauf. Auch wenn der Hunger noch so groß oder das Lampenfieber noch so drängend ist, sollte man der Versuchung widerstehen, sich mit dem angebotenen Brot voll zu stopfen.

Ein besonderer Hinweis: Gute Tischmanieren sollten zwar auch im privaten Umfeld selbstverständlich sein, aber offenbar ist das keinesfalls üblich. Aber sie sind lernbar und tragen beachtlich zu einem positiven Image und einem ästhetischen und entspannten Miteinander bei. Auch im Privaten. Und das sollte allemal die Mühe wert sein.

2.7 Souverän auch im Kontakt mit ausländischen Gästen

Im Zuge der Globalisierung und der internationalen Geschäftsbeziehungen nehmen die interkulturellen Begegnungen und Wirtschaftskontakte ständig zu. Unternehmen haben laufend mit ausländischen Geschäftspartnern zu tun, Geschäftsreisen ins Ausland und der Empfang ausländischer Gäste gehört zum Arbeitsalltag. Internationale Teams sind in vielen Unternehmen Standard geworden. Die Welt ist zum „globalen Dorf" geschrumpft.

Damit liegt die Bedeutung von interkultureller Kompetenz im Geschäftsleben auf der Hand.

Das Wissen über kulturelle Unterschiede und Gepflogenheiten ist ein Wettbewerbsvorteil gegenüber unwissenderen Mitbewerbern. Aber leider gibt es kein standardisiertes Rezept für einen reibungslosen Umgang mit ausländischen Gästen. Es lassen sich jedoch einige Strategien nennen, um eine solide Basis von Sympathie zu errichten, auf deren sicherem Boden kleinere Fauxpas verziehen werden. Wissen – bezogen aus soliden Quellen - und eine genaue Vorbereitung gehören dazu.
Man bereitet sich akribisch auf den Besuch vor, indem man fundierte Informationen über Land und Leute, die Geschichte des Landes und das aktuelle Tagesgeschehen einholt. Hier bieten sich auch Anknüpfungspunkte für den wichtigen Smalltalk. Wichtig ist es ebenfalls, eine gewisse Kenntnis über die im Lande vorherrschende Religion und deren Einfluss auf das tägliche Leben zu haben.

Als Gastgeberin oder Gastgeber wahrt man die eigene kulturelle Identität, aber man hat genug Flexibilität, um auf das Gegenüber einzugehen. Deshalb sind Toleranz, Weltoffenheit und Freundlichkeit im Umgang mit ausländischen Gästen unerlässlich. Auf folgende kulturelle Unterschiede sollte besonders geachtet und im Verhalten berücksichtigt werden:

Die Einstellung gegenüber Fremden im Herkunftsland.
Die Wichtigkeit von Hierarchie und Status.
Der Umgang mit Nähe und Distanz und das Verhältnis zur Zeit.

Andere Länder, andere Sitten! Ein anderes Verhalten als das eigene ist nicht besser oder schlechter, es ist eine Bereicherung.

Ein besonderer Hinweis: Man kann immer ein paar Worte oder Floskeln in der jeweiligen Landessprache erlernen. Ein vertrautes „Guten Tag“, „Bitte“, „Danke“ und „Auf Wiedersehen“ werden geschätzt und kommen gut an – auch wenn sie vielleicht etwas drollig klingen sollten.

2.8 Dresscode bei dreißig Grad im Schatten

Kleider machen Leute – das wusste schon der Hauptmann zu Köpenick. Um Vertrauen zu einem Menschen fassen zu können, müssen das Aussehen einer Person mit dem inneren Bild übereinstimmen, das man sich von einem Menschen in der Position macht, die verkörpert werden soll. Klafft der tatsächliche und der phantasierte Eindruck auseinander, dann führt diese Diskrepanz zumindest zu einer Irritation, im schlimmsten Fall zu Ablehnung.

Zur Corporate Identity eines Unternehmens gehört das Erscheinungsbild seiner Mitarbeiterinnen und Mitarbeiter. Je nach Unternehmensphilosophie und Branche reicht die Palette der akzeptierten Kleidung von klassisch-konservativ bis zu dezenter Freizeitkleidung, auch casual wear genannt. Allerdings ist dieses Spektrum erstaunlich eng ausgelegt, casual wear wird bestenfalls freitags gestattet. Jeans, auch Edelmarken, gehören nicht ins Geschäftsleben. T-Shirts für Männer und Spaghettiträger für Frauen ebenfalls nicht. Im traditionellen Geschäftsleben erwartet man eine konservativ-klassische Kleidung, auch bei dreißig Grad im Schatten. Das bedeutet bei Herren dunkle Anzüge und Hemden mit langen Ärmeln sowie eine dezent gemusterte Krawatte. Keinesfalls sollte diese Kleidung gegen Shorts, Sandalen und T-Shirt getauscht werden, auch wenn das Unternehmen noch so unkonventionell ist. Erleichterung bei Hitze kann man sich korrekter Weise nur über die Wahl der Materialien verschaffen: Keine Synthetics, feine leichte Wollstoffe und Socken aus Seide. Die Socken sollten allerdings auch bei diesen Temperaturen so lang sein, dass bei übergeschlagenem Bein keine Haut zu sehen ist. Der Kragenknopf bleibt auf jeden Fall unter der Krawatte geschlossen.

Für Damen sieht der Dresscode bei Hitze auch nichts Netteres vor. Hier besteht die klassische Variante aus dem dunklen Kostüm, heller Bluse, bzw. feinem Shirt, Strümpfen und geschlossenen Schuhen. Allerdings dürfen Blusenärmel auch einmal nur bis zum Ellenbogen reichen, aber Schultern und Oberarme müssen immer bedeckt sein. Strumpfhosen lassen sich durch Strümpfe ersetzen, die Schuhe müssen aber vorne geschlossen sein, das heißt, dass im Sommer Slingpumps in Ordnung sind. Wie für Männer gilt auch für Frauen ein Tabu bei Sandalen.

Für beide Geschlechter gilt, dass dünne Baumwollstoffe in kühlen frischen Farben eine optische Erleichterung über das Material und die Farbe bringen. Türkis weckt die Assoziation mit dem Meer, hellblau ebenso. Es sollten aber keine Bonbonfarben gewählt werden, da sie den Träger oder die Trägerin verniedlichen und damit unglaubwürdig machen. Körperpuder nach dem morgendlichen Duschen aufgetragen wirkt kühlend und wie ein Ganzkörperdeo. Aquasprays können auch über dem Make-up als erfrischende Gesichtsdusche verwandt werden.

Vor allem im Sommer sollte ein „Notfallpaket" im Schreibtisch bereit liegen: ein frisches Hemd oder Bluse, Strümpfe und Unterwäsche, kühlendes Körpergel und ein leichtes Parfum, das an den letzten Urlaub erinnert, bringen Erfrischung, angenehme Erinnerungen und damit Erholung und vermeiden peinliche Schweißflecke.

Ein besonderer Hinweis: Unternehmen der amerikanischen Ostküste gelten als die Trendsetter des Dresscodes. So erklären sich auch die rigiden Vorschriften, denn diese Unternehmen residieren in vollklimatisierten Räumen. Für unsere Verhältnisse zugeschnitten heißt das, dass man entweder nach der reinen Lehre gekleidet ist und acht Stunden im eigenen Saft schmort, oder kreativ die Regeln bricht. Bräunungscreme ersetzt im letzteren Fall die Strümpfe und Unterhemden sind bei diesen Temperaturen entbehrlich.

2.9 Neuerungen in Übereinstimmung mit der Persönlichkeit

Das äußere Erscheinungsbild eines Menschen, wie Kleidung, Gestalt, Frisur, Körperhaltung, Mimik und Gestik bestimmen zu einem großen Teil den Gesamteindruck der Person. Der Kleidung kommt ein hoher Stellenwert zu, denn sie signalisiert die Zugehörigkeit zu einer Gruppe, sie gibt Auskunft darüber, ob die Person über Stil verfügt, ob sie vulgär oder gebildet ist.

Die Individualität drückt sich über die Kleidung aus, man liest an ihr die mögliche Kompetenz und Verlässlichkeit ab, gerade im Geschäftsleben. Die Kleidung und die Accessoires bleiben nicht wertneutral, denn im Auge des Betrachters müssen die Gesamterscheinung der Person und das Klischee, das er sich von ihrer Rolle macht, übereinstimmen, damit er Vertrauen fassen kann.

Soweit so gut. Doch Menschen verändern sich im Verlauf des Lebens. Durch eine Weiterbildung, eine berufliche Neuorientierung oder einen Aufstieg wird dieser Prozess beschleunigt. Die Veränderung manifestiert sich dann auch im Bezug auf die Kleidung. Geschulte Beobachterinnen und Beobachter bemerken diese Veränderung und sehen irritierende Brüche, wenn versucht wird, durch die Kleidung oder das Verhalten vor der Zeit Elemente der Persönlichkeit ab zu legen, zu verwischen oder zu verleugnen, denn es schwächt die Ausstrahlung der betreffenden Person und lässt sie unsicher werden - sie fühlt sich nicht wohl in ihrer Haut. Deshalb sollten alle Neuerungen sacht und in Übereinstimmung mit der persönlichen Wesensart angegangen werden. Ob das nun die Mode betrifft, die Sprache oder das Handeln, als stilvoll gilt immer das, was mühelos und beiläufig erscheint. Im Fall von Mode redet man dann von Eleganz.

Im Kundenkontakt, bei Vorstellungsgesprächen, bei wichtigen Sitzungen und bei Präsentationen sollte man sich ruhig einen Tick schicker anziehen, denn das ist eine Form von Würdigung des Gegenübers und wird als solche dankend angenommen.

Ein besonderer Hinweis: Zu besonderen Gelegenheiten wie großen Geschäftsessen teilen rücksichtsvolle Gastgeber ihren Gästen in der Einladung mit, wie sie sich kleiden sollen, damit sie in den Rahmen passen und sich wohl fühlen.

2.10 Visitenkarten

In die Erstellung von Visitenkarten ist in den meisten Fällen viel Zeit, Energie und Kreativität geflossen - und so sollten sie auch behandelt werden. Man bedankt sich, wenn man eine Visitenkarte überreicht bekommt und nimmt sich die Zeit, sie zu lesen und zu betrachten. Keinesfalls wird sie achtlos weggesteckt, möglichst noch in die Hosentasche, von wo sie nur zerknittert wieder zum Vorschein kommen kann.

Bei einem großen Hierarchie- oder Altersunterschied überreicht zuerst die ranghöhere, bzw. ältere Person die Karte. Um die Übersicht zu behalten kann auf der Rückseite eine kleine Notiz über den Anlass des Kennenlernens gemacht werden, aber bitte erst nach der Veranstaltung, nie im Beisein des Überreichenden!

Ein besonderer Hinweis: Überreicht eine Person aus dem asiatischen Raum eine Visitenkarte, so nimmt man sie mit einer angedeuteten Verbeugung und beiden Händen entgegen.

2.11 Privates und die Arbeit

Da wir alle aus mehr bestehen als aus unserer Arbeitsrolle bleibt es nicht aus, dass die privaten Lebensumstände bis in den Beruf hinein reichen. Nicht selten geschieht es auf angenehme Weise, indem sich Liebespaare im Job finden. Im eigenen Betrieb, bei Kundenkontakten und bei Geschäftspartnern springt schon mal der Funke über. Bei allem Verliebtsein sollte einkalkuliert werden, dass solche Beziehungen Zündstoff in sich bergen. Betriebsgeheimnisse und Abteilungsinterna müssen es auch bleiben, Vertrauliches muss vertraulich bleiben. Wenn aus dem Flirt mehr wird, dann ist es sinnvoll, die Beziehung öffentlich zu machen, denn Täuschungsmanöver schlagen meistens fehl und man gibt sich der Lächerlichkeit preis. Aber dann wird zur Tagesordnung zurückgekehrt, und die Konzentration gehört wieder der Arbeit.

Da Liebesbeziehungen häufig Neid wecken, sollte dem keine Angriffsfläche im Bezug auf die Qualität der Arbeit gegeben werden.

Leider gibt es neben diesen freudigen Randerscheinungen des Arbeitslebens auch die tragischen Stationen des Lebens, wie eine Scheidung oder der Tod des Partners. Da diese Erlebnisse zu den belastendsten des Lebens gehören, lassen sie sich nicht aus dem Arbeitsalltag heraus halten. Während es bei Todesfällen noch ein angemessenes Ritual mit klaren Trauerphasen gibt, dem Kolleginnen und Kollegen mit Kondolieren (bitte nicht per eMail) und Rücksichtnahme begegnen können, so bleiben Personen, die einer Scheidung entgegen sehen ohne das tröstliche Gerüst eines gesellschaftlich anerkannten Rituals.

Sie sind allein in ihrem Schmerz und ihrer Verunsicherung und empfinden es obendrein oft als Makel, über den man nicht spricht und dessen psychische Auswirkungen man vom Arbeitsleben zu trennen hat. Diese Trennung sollte auch so weit wie möglich aufrechterhalten werden, aber es kostet manchmal übermenschliche Kräfte, das durchzuhalten. Unkonzentriertheit, Launenhaftigkeit und Tränenausbrüche sind die Folge. Auch hier ist es besser, offen mit der Situation um zu gehen und die anstehende Scheidung öffentlich zu machen und gleichzeitig um Geduld bei eventuell verändertem Verhalten zu bitten.

Ein besonderer Hinweis: Trauernde, egal ob durch Tod oder Trennung betroffen, haben keine ansteckende Krankheit. Man kann sie durchaus ansprechen und Hilfe anbieten – zum Beispiel in Form eines gemeinsamen Kaffees in der Kantine.

2.12 Hierarchien und der Umgang damit

„Nach oben buckeln und nach unten treten“ ist äußerst schlechter Stil und bringt niemanden weit. Im besten Fall macht man sich damit lächerlich. Freundlich sein ohne unterwürfig zu werden, konstruktive Kritik anbringen ohne zu kränken, und Lob äußern dafür bedarf es Fingerspitzengefühl.

Dass alle Menschen, egal auf welcher Hierarchieebene, ob Vorgesetzte, Kolleginnen oder Mitarbeiter mit Respekt und Höflichkeit behandelt werden, auch Jüngere oder wenn man sich duzt, sollte sich eigentlich von selbst verstehen. Schwierig wird es aber in heiklen Situationen, zum Beispiel wenn Untergebene eine konträre Meinung gegenüber ihren Vorgesetzten vertreten. Da ist sachliche Argumentation und Ehrlichkeit der beste Weg, denn Vorgesetzte spüren schnell, wenn sie es mit opportunistischen Ja-Sagern zu tun haben. Es ist also eine Frage der Rhetorik.

Eine gute Diskussionsvorbereitung ist bereits die halbe Miete, deshalb sollten die Pro`s und Kontra`s gedanklich immer wieder durchgespielt werden und richtige, das heißt positive Formulierungen überlegt werden.

Bei allem argumentativen Geschick sollte die emotionale Komponente nicht vergessen werden. Es ist ein Irrtum zu glauben, Sachlichkeit würde ohne Emotionalität existieren können. Beides, sowohl die Sachebene, als auch die emotionale Ebene sind immer in einer Botschaft enthalten. Das bedeutet hier, dass auch abweichende Sichtweisen ihren Hintergrund haben und deshalb geachtet werden müssen.

Freundlichkeit, Sachlichkeit und eine gewisse Distanz sind tragende Pfeiler im Umgang mit Untergebenen. Eine gute Vorgesetzte kennt nicht nur die Wünsche und Bedürfnisse ihrer Mitarbeiter, sondern sie kennt auch deren individuelle Talente und Fähigkeiten und nimmt sie ernst, indem sie zum Wohl des Unternehmens eingesetzt werden. Denn wer sich wohl- und anerkannt fühlt bringt gute Leistungen. Das „Sensibilisieren von Antennen“ ist also eine wichtige Schlüsselqualifikation für Führungskräfte.

Ein besonderer Hinweis: Die zur Schaustellung von Überlegenheit oder gar die Demonstration von Macht lässt Vorgesetzte in den Augen ihrer Mitarbeiter keineswegs wachsen, sondern sie diskreditieren sich damit vielmehr selbst, indem sie ohne Not Widerstand wecken. Auch der kompetenteste Chef weiß und kann nicht alles und ist irgendwann auf die Unterstützung und das Wohlwollen anderer angewiesen – das sollte man sich von früh bis spät vor Augen führen!

2.13 Über den Umgang mit Lob und Komplimenten

Wir leben in einer Gesellschaft, die es gewohnt ist, nach dem Negativen zu schauen. In der Schule wird das Fehlerhafte beurteilt, im Berufsleben wird nur allzu häufig negative Rückmeldung gegeben. Wer sagt schon spontan, wenn er etwas am Gegenüber, an seinen Leistungen oder Handlungen gut findet?

Dabei gibt es nichts Motivierenderes als ein ehrliches Lob, das auch gern Bewunderung ausdrücken darf. Vielleicht liegt der motivierende Effekt gerade darin, dass es ungewohnt ist, etwas Angenehmes gesagt zu bekommen. Aber es ist wichtig, dass auf absolute Ehrlichkeit geachtet wird, denn nur dann erreicht ein Lob sein Ziel. Alles andere klingt schnell übertrieben und weckt die Abwehr des Gegenübers.

Man kann und sollte sich bewusst dazu erziehen, bei anderen Lobenswertes zu entdecken. Das Spektrum kann dabei über die interessante Krawatte und die geschmackvolle Handtasche, über die Gestaltung des Büros bis hin zu den Arbeitsleistungen gehen. In dem Maß, in dem man den Blick für die positiven Dinge schärft, wird die Wertschätzung den anderen gegenüber wachsen, weil das Hauptaugenmerk verschoben wird. Und das wird wahrgenommen und trägt zu einem guten Arbeitsklima bei.

Die richtige Reaktion auf ein Lob oder ein Kompliment ist übrigens ein lächelndes „Danke“

oder „Es ist schön, dass Sie es bemerken.“. Vermeiden sollte man unbedingt Negierungen im Stil von „...aber das ist doch nicht so wichtig, das ist doch selbstverständlich...“, lange umständliche Erklärungen „...das liegt daran, dass...“ oder „...ach, die alte Krawatte...“. Alle diese Äußerungen lassen den Lobenden als jemanden erscheinen, der offenbar nicht den richtigen Durchblick hat. Und damit brüskiert man auf die Dauer auch die wohlmeinendsten Mitmenschen.

Ein besonderer Hinweis: Man sollte auch mit sich selbst positiv umgehen. Ein guter Ansatz dazu ist es, auf die eigene Sprache zu achten, sich dabei zu beobachten, wie man von sich selbst redet. Kommen etwa häufig negative Formulierungen vor, wie „Ich bin hässlich, unbegabt, blöd...“, dann sollte schleunigst daran gearbeitet werden. Denn Wertschätzung beginnt bei der eigenen Person!

3. Den richtigen Beruf finden

Der Wahl des Ausbildungsplatzes und der Studienrichtung kommt große Bedeutung zu. Auch wenn sich im Verlauf eines langen Erwerbslebens noch viel ändern wird, denn man kann davon ausgehen, dass heute 45-Jährige bis zu drei unterschiedliche Berufe im Verlauf Ihres Erwerbslebens ausüben werden, und es sind bei den jetzt 20-Jährigen bereits fünf verschiedene Berufe, so legt doch die einmal eingeschlagene Richtung ein grundlegendes Fundament.

Denn in die Erwerbsarbeit mündet alles das ein, was man im Verlauf eines häufig genug mühsamen Lernprozesses innerhalb der Familie, der Schule und des Freundeskreises an Fähigkeiten und Kompetenzen erworben hat. Das gesamte Bündel an Charaktereigenschaften, individuellen Merkmalen und Ausprägungen, alles das lebt man in einem Beruf und „vermarktet" es auch dort. Je besser der Beruf zu diesem Kompetenzbündel passt, umso befriedigender ist er. Damit liegt natürlich auch das umgekehrte Bild auf der Hand: ein falscher Beruf führt zu Frustration und Unter- bzw. Überforderung. Je länger dieser Zustand andauert, umso gravierender sind die Auswirkungen auf das Wohlbefinden, bis hin zur gesundheitlichen Beeinträchtigung.

3.1 Welcher Beruf passt zu mir?

Mit gerade einmal fünfzehn, sechzehn Jahren stehen junge Menschen bei uns vor der Frage der Berufswahl und damit vor einer folgenschweren Entscheidung. Es ist zwar heute nicht mehr so, dass die einmal getroffene Wahl für das gesamte Erwerbsleben Gültigkeit hat, denn die heutigen Jugendlichen werden im Verlauf ihres Arbeitslebens bis zu fünf Berufswechsel erleben. Aber in die Arbeit und damit den Ausbildungsberuf münden alle im Laufe des bisherigen Lebens erworbenen Fähigkeiten und Kenntnisse ein, alle Charaktereigenschaften und persönlichen Kompetenzen. Also muss große Sorgfalt bei der anstehenden Wahl an den Tag gelegt werden.

Jenseits aller Arbeitsmarkt relevanten Überlegungen – der sich nur allzu leicht wandeln kann und damit auch die schönsten Überlegungen hinfällig macht – muss den individuellen Neigungen, Träumen und dem „Faszinationsflämmchen" Rechnung getragen werden, das jeder Mensch in sich trägt. Leichter gesagt als getan, werden da manche sagen. Aber oft ist es weniger eine Frage des „Null Bock", als ein Problem des Ernstnehmens von (Berufs-) Träumen. Dazu ist es sinnvoll, sich an Tagträume aus der ersten oder zweiten Klasse zu erinnern. Wie wurde in diesen Träumen, egal wie realistisch oder nicht, der Lebensunterhalt bestritten? Welche Personen kamen vor, welche nicht? Welche Sekundärfähigkeiten wie Abenteuerlust, Kreativität oder musische Begabungen spielten bei diesen Träumen eine Rolle? Das kann ein Fingerzeig auf unter Umständen noch gar nicht gelebte individuelle Talente sein, denn damals griffen noch nicht die späteren „vernünftigen“ Erwägungen, die sich an gesellschaftlichen Vorstellungen orientieren und oftmals wenig mit den betroffenen Personen und ihrem Potential zu tun haben.

Auch zeigen sich persönliche Talente eher im Hobby als in schulischen Leistungen. Das heißt aber nun nicht, dass jede Freude am Ballett oder alle Freizeit, die auf dem Fußballplatz verbracht wurde in Profitanz oder in ein Sportstudium münden sollen. Vielmehr werden dabei so genannte Schlüsselqualifikationen sichtbar, wie zum Beispiel ästhetisches Empfinden, Disziplin, Mut, Führungsqualitäten und Teamfähigkeit.

Ferner ist es sinnvoll danach zu fragen, was die Jugendlichen als ihre drei größten Erfolge im bisherigen Leben bezeichnen und wie das Wunschbild ihrer Zukunft in zehn Jahren aussehen soll. Günstig ist es, wenn ein Wunschbild mit kreativen Methoden entworfen wird, wenn zum Beispiel ein Brief an die beste Freundin oder den Freund geschrieben wird, der zwar unabgeschickt bleibt, aber ein konkretes Datum in zehn Jahren trägt und den dann stattfindenden Alltag beschreibt. Peu à peu puzzelt sich so ein nutzbares Bild zusammen. Ein Übriges zur Klärung kann dann noch eine Collage beitragen, die nach diesem Zukunftsentwurf gebastelt wird. Denn Methoden, die über rationale Überlegungen hinausgehen, helfen, sich der eigenen Wünsche und Fähigkeiten bewusster zu werden.

Alle diese Faktoren zusammen genommen ergeben ein Bild, das mit professionellen Beraterinnen oder Beratern des Arbeitsamtes, der Kammern oder freiberuflichen Coaches besprochen werden kann.

Ein besonderer Hinweis: Wohin sich der Arbeitsmarkt entwickeln wird weiß niemand so genau zu sagen. Nichts und niemand kann in Zukunft einen festen Arbeitsplatz garantieren. Wenn man aber die persönliche Faszination für eine Tätigkeit ernst nimmt und umsetzt, dann verspricht eine Ausbildung oder ein Studium in diesem Bereich zumindest eine gewisse Befriedigung und Freude an der Tätigkeit. Und wer Spaß an der Arbeit hat macht sie gut und hat eine positive Ausstrahlung: Was kann man sich mehr von einer Mitarbeiterin oder einem Mitarbeiter wünschen?

3.2 Aufbau eines Studiums mit anschließender Job-Garantie

Der Arbeitsmarkt befindet sich im Wandel, die Öffnung des Europäischen Binnenmarktes und die Globalisierung eröffnen neue Chancen, bergen aber auch Risiken in sich. Spezialistinnen und Spezialisten werden gebraucht, aber längst nicht mehr in dem Ausmaß vergangener Jahre. Stattdessen sind es breit ausgebildete und reflektionsfähige Menschen, denen in Zukunft der

Arbeitsmarkt offen stehen wird. Mit einem Studium steigen die Chancen auf einen Arbeitsplatz, denn noch immer ist es so, dass trotz eines auseinanderbrechenden Arbeitsmarktes das Stellenangebot für Hochschul- und Fachhochschulabsolventinnen und -Absolventen zunimmt.

Es ist eine Selbstverständlichkeit, dass Sprachkompetenzen, sowohl was Fremdsprachen anbelangt, als auch allgemeine Kommunikationsfähigkeiten, eine entscheidende Schlüsselqualifikation bilden. Für den Themenkomplex der Fremdsprachenkompetenz empfiehlt sich ein längerer Auslandsaufenthalt. Neben dem Erwerb der Sprache und der multikulturellen Kompetenz fördert diese Zeit das persönliche Wachstum und damit das Interesse der Unternehmen, denn profilierte Persönlichkeiten werden – auch bei jungen Menschen – gesucht.

Der Punkt der Kommunikationsfähigkeit gilt als zentrale Kompetenz für Führungskräfte, es sollte also frühzeitig, da sie sich nicht „nebenbei" erwerben lassen, Wert auf deren Entwicklung gelegt werden. Spätestens im Studium bietet sich dafür der Besuch von Veranstaltungen der Gesellschaftswissenschaften, wie zum Beispiel Soziologie, Philosophie, Pädagogik und Politikwissenschaften geradezu an.

An dieser Stelle wird deutlich, dass eine frühzeitige Planung einer künftigen Karriere bereits für Studienanfängerinnen und -Anfänger wichtig ist. Denn eine Führungsposition erfordert andere Sekundärfähigkeiten als eine Selbstständigkeit im freiberuflichen Sektor. Das Hören zusätzlicher Vorlesungen aus fachfremden Bereichen, wie z.B. bei einem Studium der Pädagogik der ergänzende Besuch in BWL und VWL, oder bei Maschinenbau zusätzlich Philosophie und Pädagogik ist sehr zu empfehlen, da diese Inhalte den Blick öffnen und eine spätere Erwerbstätigkeit erleichtern.

Die strategische Wahl der Nebenjobs erleichtert ebenfalls den Eintritt ins Berufsleben. Das angestrebte Berufsfeld wird durch den Nebenjob aus nächster Nähe erlebt und so trägt das Jobben zur Orientierung bei. Außerdem ist bei Studienabschluss bereits Berufserfahrung nachweisbar.

Ein besonderer Hinweis: Es ist davon auszugehen, dass der Arbeitsmarkt der Zukunft weg geht vom bisherigen Dienstleistungssektor im monetären Bereich hin zu Dienstleistungen, die der Entwicklung und dem Erhalt von Arbeitskraft dienen. Dazu gehören die Bereiche Lehre, Beratung und Heilen[4]. Diese Themen lassen sich auch mit völlig anderen Berufszweigen, wie beispielsweise dem Ingenieurwesen vereinbaren. Es ist eine Frage des breiten Bildungshintergrundes und einer Persönlichkeit, die soziale und personale Kompetenzen mitbringt. Ein Studium, das Zeit und Gelegenheit dafür einräumt, ist den Mehraufwand an Zeit und Energie auf jeden Fall wert, denn es wird erfolgreich in eine entwicklungsfähige Erwerbstätigkeit münden.

4. Neue Wege in der Bewerbung

4.1 Individuelles Kompetenzmarketing

Es waren einmal schöne Zeiten, man suchte einen (anderen) Job, schlug samstags die Tageszeitung auf und las eine Stunde lang die Stellenanzeigen. Für den gesuchten Beruf gab es mehrere Anzeigen, man konnte auswählen. Nach zwei, drei Bewerbungsschreiben, die nicht besonders einfallsreich sein mussten, wurde man zu Vorstellungsgesprächen eingeladen und hatte eine Stelle. Es war einmal...

Der Stellenmarkt leidet unter galoppierender Schwindsucht, die Unternehmen suchen die Eier legende Wollmilchsau, die jünger als dreißig Jahre sein sollte aber über eine Menge an Berufserfahrung verfügen muss. Selbstverständlich ist man nicht durch Familienpflichten belastet oder sonst wie in der Verfügbarkeit eingeschränkt.

Wie kommt man trotzdem zu einem guten Job, dessen Lohn der geleisteten Arbeit würdig ist? Man muss bei der eigenen Person ansetzen, beim „ich". Dabei helfen die folgenden Fragen:

> Was kann ich besonders gut?
> Was macht mich zu etwas Besonderem?
> Worin unterscheide ich mich von anderen?
> Über welche Talente, Fähigkeiten und Kenntnisse verfüge ich neben meinen beruflichen Qualifikationen?

Und auch:

Welche Unterstützung wollen meine
Freunde immer wieder von mir?
Wofür werde ich besonders oft gelobt?
Wie wollte ich schon immer sein?
Wen beneide ich?
Könnte ich nicht genauso sein, wie die
beneidete Person?

Neid ist ein starkes Gefühl und gibt interessante Auskünfte über die fragende Person. „Was hindert mich, den gleichen Weg zu gehen, wie die beneideten Menschen?" An dieser Stelle können Selbstzweifel ruhig mal in die zweite Reihe verwiesen werden, gemäß dem Motto: „Bescheidenheit ist eine Zier, doch weiter kommt man ohne ihr..."

Es ist gut, die Ergebnisse schriftlich fest zu halten und daraus ein „Kompetenzbündel" zu schnüren.

Darauf folgt die Überlegung, wie diese Kompetenzen und Gestaltungswünsche in den Job einfließen können. Und man begibt sich in die Position von einer Führungskraft: welche Vorteile könnte ein potentieller Arbeitgeber aus diesen Kompetenzen ziehen? Das Ergebnis „dampft" man auf wenige kurze Sätze ein, die in Fleisch und Blut übergehen müssen. Denn diese Sätze bringt man in jeden Smalltalk ein, ob morgens beim Brötchenkauf oder auf dem Sportplatz. Gleichzeitig lässt man durchblicken dass man eine Stelle will. Von besonders interessanten Gesprächspartnern legt man eine kleine Datei an und schafft so eine persönliche Datenbank für berufliche Kontakte, die natürlich gepflegt werden muss. Es gibt immer „jemanden, der jemanden kennt", der eine Stelle zu vergeben hat und mit diesem individuellen Kompetenzmarketing werden diese Quellen angezapft.

Ein besonderer Hinweis: Man muss über die eigenen Stärken reden, denn niemand sieht sie einem auf den ersten Blick an. Und man muss kreative, ungewöhnliche Wege gehen, um in einer ungewöhnlichen Zeit Erfolge zu erzielen – dann stellen sie sich auch ein.

4.2 Das Bewerbungsschreiben

Eine Bewerbung sollte so individuell sein wie ein Fingerabdruck. Auf eine Stellenanzeige gehen zwischen 80 und 250 Anschreiben ein, davon ist das meiste Dutzendware. Doch bereits hier muss eine Bewerbung sich auf den ersten Blick aus der Masse hervorheben um eine Chance zu haben.

Das Foto ist dabei von zentraler Bedeutung, denn der Sympathiefaktor spielt, weil er meist unbewusst ist, eine große Rolle. Es lohnt sich also, in ausgezeichnete Fotografinnen oder Fotografen zu investieren. Ein Qualitätskriterium sollte dabei sein, ob dort die Frage nach der angestrebten Stelle gestellt wird. Selbstverständlich wird man sich zu diesem Fototermin so kleiden, wie man sich eine erfolgreiche Inhaberin oder Inhaber dieser Position vorstellt – eher sogar einen Tick eleganter.

Im Anschreiben wird darauf verzichtet, sich selbst anzupreisen. Das hat – mit entsprechendem Hinweis – im Lebenslauf und im Profil seinen Ort. Stattdessen wird im Anschreiben positiv auf das Unternehmen eingegangen und erläutert, warum man just bei dieser Firma arbeiten will. Informationen dazu stellt nahezu jede Firma auf ihrer Homepage zur Verfügung. Bei dieser Vorgehensweise wird deutlich, dass nicht im „Gießkannenprinzip" vorgegangen wird, und darüber hinaus ist der psychologische Effekt nicht zu unterschätzen, der einsetzt, wenn Personalchefs etwas Positives über ihre Firma und damit über sich selbst lesen.

Im Lebenslauf sollte die Rubrik „Hobbies" oder „private Interessen" nicht fehlen. Denn erstens sind Personalverantwortliche solche geworden, weil sie Interesse an Menschen haben und diese Rubrik bringt jenseits der nackten Fakten des Lebenslaufs etwas Farbe ins Spiel. Zum anderen werden bei Stellenbeschreibungen meistens auch Schlüsselqualifikationen wie Belastbarkeit, Innovationsfreude oder Kreativität verlangt – Dinge, die durch die Hobbies belegt werden. Am Beispiel Belastbarkeit kann das ein Ausdauersport sein, Teamfähigkeit leitet sich aus Mannschaftssportarten oder Vereinszugehörigkeiten ab und ein Ehrenamt gibt Auskunft über soziale Kompetenz und Verantwortungsbewusstsein.

Bei der Auswahl der Bewerbungsmappe und des Briefpapiers spielen finanzielle Erwägungen erst in zweiter Linie eine Rolle. Es ist gut, wenn man sich hier vielmehr vom eigenen Geschmack und dem ästhetischen Empfinden leiten lässt. Es wirkt stilvoll, wenn die Farbe der Bewerbungsmappe und das dazu gehörende Papier farblich aufeinander abgestimmt sind. Bitte keinesfalls lediglich 80g Papier verwenden, das sieht einfach popelig aus.

Ein besonderer Hinweis: Vorgefertigte Bewerbungsunterlagen sollten nicht verwendet werden. Der Lebenslauf muss vollständig und ohne Lücken sein, das gilt ebenso für die Arbeitszeugnisse. Eventuelle Zeiten der Arbeitslosigkeit oder sonstige Brüche in der Erwerbsbiographie müssen genannt werden und können im Profil positiv dargestellt werden, indem sie beispielsweise für Fortbildungen genutzt wurden.

4.3 Das Vorstellungsgespräch

Wer fachlich kompetent ist, ein gewinnendes Auftreten hat, die eigenen Fähigkeiten gut präsentieren kann und eine angenehme Ausstrahlung hat macht das Rennen – aber das haben viele und nicht alle können gewinnen.

Eine gute Vorbereitung erhöht allerdings die Chancen auf Erfolg, deshalb sollte man sich vorher eingehend über das Unternehmen informieren und sich genau darüber im Klaren sein, warum man zu diesem Unternehmen will (bitte nicht, weil man einen Job sucht!) und was man zu bieten hat. Dazu nimmt man am besten die Sicht der Personalchefin oder des Personalchefs ein und überlegt, was sie oder er von der geeigneten Bewerberin oder dem Bewerber erwarten könnte.

Die Ausstrahlung, der Gang, die Stimme, der Händedruck – alles das spielt eine Rolle bei dem Wettbewerb um einen Arbeitsplatz. Man kann die Ausstrahlung und Reaktionsfähigkeit im Gespräch positiv beeinflussen, wenn man kurz vor dem Vorstellungsgespräch einen 15minütigen flotten Spaziergang an der frischen Luft macht. In Untersuchungen an Prüfungsteilnehmern wurde festgestellt, dass die Gruppe, die diesen Spaziergang machte, um mindestens eine Note besser abschloss, als die Kontrollgruppe ohne Spaziergang. Diese Wirkung sollte man sich zunutze machen, denn ein Vorstellungsgespräch kommt einer Prüfungssituation sehr nah.

Muss man im Vorzimmer warten, wird die Sekretärin die Bewerberin oder den Bewerber genau beobachten: Versteht sie sich auf Smalltalk? Wie höflich ist er? Wie ist die Sitzhaltung? Es dürfen auf keinen Fall – auch wenn Aschenbecher bereit stehen – geraucht werden oder alkoholische Getränke angenommen werden.

Vielen ist bekannt, dass Sympathie auch, vielleicht sogar in erster Linie, mit Geruch zu tun hat. Wir können jemanden riechen oder eben nicht. Wir haben alle unseren spezifischen Körpergeruch, der sich zwar bei Angst oder Freude verändert, aber im Grundsatz gleich bleibt. Hier lässt sich, außer durch Körperpflege und Parfum wenig machen. Aber einige Dinge, die unseren Duft beeinflussen, haben wir doch in der Hand. So sollten Raucherinnen und Raucher unbedingt auf eine Rauchgeruch freie Kleidung achten. Alkohol muss während mindestens 24 Stunden vor dem Gespräch tabu sein, denn bestimmt will niemand mit einer Alkoholfahne zum Vorstellen gehen. Dabei ist auch zu beachten, dass manche Menschen geradezu auf die Wahrnehmung des Geruchs von Alkohol geeicht sind und bereits geringe Mengen davon riechen. Deshalb sollte diese Regel wirklich beachtet werden. Knoblauch und Zwiebeln müssen auch nicht unbedingt vor diesem wichtigen Gespräch auf dem Speisezettel stehen.

Wenn man, namentlich unter Stress, zum starken Schwitzen neigt, ist es gut und beruhigend, Ersatzkleidung und –Wäsche für den Notfall im Auto liegen zu haben. Allein zu wissen, dass es dieses „Notfallpaket“ gibt, hilft schon, den Stresspegel herunter zu fahren.

Ein besonders heikler Punkt ist die Frage nach der Gehaltsvorstellung. Fällt die Antwort zu niedrig aus, spricht das gegen die Qualifikation der Bewerberin, liegt sie zu hoch, wird der Bewerber als zu großspurig eingeschätzt. Da hilft alles nichts, man muss sich bei Bekannten in vergleichbarer Qualifikationsstufe nach deren Einkommen erkundigen (und hoffen, dass man ehrliche Antworten erhält...) und im Internet recherchieren. Parallel dazu errechnet man die eigenen Fixkosten und schlägt „Lebensqualität“ auf. Damit geht man genauso sauber kalkuliert wie das Unternehmen in die Verhandlung, die selbstverständlich in gleicher Augenhöhe geführt wird. Man kann die eigenen Vorstellungen begründen und hat eine vernünftige Ausgangsbasis.

Ein besonderer Hinweis: Eine Bewerberin oder ein Bewerber ist kein Bittsteller. Man verkauft die Summe der Fähigkeiten, der Kenntnisse, der Erfahrung und die Arbeitskraft, man hat ein individuelles, unverwechselbares Paket an Know-how zu bieten und ist damit eine gleichberechtigte Verhandlungspartnerin oder -Partner. Man sollte sich deshalb die eigenen Stärken bewusst machen und ruhig etwas auf die Sahne hauen – allerdings ohne zu übertreiben. Wer dann trotzdem jemand anderen einstellt hat es eben nicht besser verdient!

4.4 Der erste Tag

Die Bewerbung war erfolgreich. Die Vorstellungsgespräche verliefen gut. Der Arbeitsvertrag ist unterschrieben. Und nun kommt der erste Arbeitstag. Die Nacht davor gestaltet sich oft relativ unruhig, weil das Lampenfieber den Nachtschlaf stört. Und das zu Recht, denn der erste Tag stellt die Weichen für die Zukunft. Die oder der „Neue“ wird von den „Alten“ genau beobachtet und für den „ersten Eindruck gibt es keine zweite Chance“.

Dieser Tag sollte dann auch konsequent unter dem Motto „Weniger ist mehr“ stehen, denn alles Neue ruft - auf Seiten der etablierten Mitarbeiterinnen und Mitarbeiter - Angst und Abwehr hervor. Könnten die Neuen doch zur verhassten Spezies der Besserwisser und Alleskönner gehören. Außerdem sind sie in der ersten Zeit einfach eine zusätzliche Belastung, deren Einarbeitung neben den weiterlaufenden Aufgaben gewährleistet werden muss.

Also will auch dieser Tag, ähnlich wie das Vorstellungsgespräch, sorgfältig geplant sein. Wird die Devise „weniger ist mehr“ aufgegriffen, dann gilt sie in jeder Hinsicht. Kleidung und Accessoires sollten der Unternehmenskultur angemessen aber dezent sein. Informationen dazu erhält man am einfachsten im Vorfeld, in dem man sich zu Büroschluss in der Nähe des Büroeingangs postiert und beobachtet, wie die zukünftigen Kolleginnen und Kollegen gekleidet sind.

Die ersten Kontakte werden geknüpft, zeichnen sich aber durch Zurückhaltung aus. Man stellt sich als neu dazu gekommene Person zuerst vor oder wird von einem Ranghöheren herumgeführt und bekannt gemacht. Bei Gesprächen beschränkt man sich auf aktives Zuhören, das zum Ziel hat, so viel wie möglich über die Unternehmenskultur, Gepflogenheiten und Gebräuche zu erfahren. Auf Fragen zur Person wird natürlich geantwortet, jedoch bildet der erste Tag noch nicht die Bühne, um Werbung in eigener Sache zu betreiben und die persönlichen

Erfolge und Vorzüge allzu deutlich heraus zu streichen. Das wirkt zum einen leicht aufdringlich, zum anderen kann es den Neid und die Abwehr der Kollegen wecken. Es geht vielmehr an diesem bedeutsamen Tag darum, Sympathie zu wecken und Grundlagen für eine tragfähige Vertrauensbasis zu schaffen. Unter diesem Vorzeichen kann dann auch mal ein Smalltalk über die Haustiere, die Kinder oder den letzten Urlaub geführt werden. Wobei dieser Punkt die Gefahr von Neid in sich birgt – Fingerspitzengefühl ist angesagt!

Jedoch ist es bei aller Zurückhaltung wichtig, Raum einzunehmen, sozusagen das Revier abzustecken. Kleine persönliche Dinge werden deshalb auf dem Schreibtisch platziert, jedoch im firmenüblichen Rahmen. Und man macht keinesfalls die eigene Person unnötig klein, indem man allzu bescheiden ist. Es gilt also, die Balance zwischen Zurückhaltung und selbstbewusstem Auftreten zu finden.

Freundliche Zurückhaltung, konzentriertes Zuhören bei der Einarbeitung und Verständnis für vielleicht auch einmal barsche Antworten, die durch die zusätzliche Belastung entstehen, sind angebracht. Hilfsbereitschaft, die auch mal den Kaffee kochen lässt oder das Toilettenpapier auswechselt – ohne sich allerdings anzubiedern – eröffnet einen leichteren Zugang zum Kollegenkreis.

Ein besonderer Hinweis: An diesem Tag kann und darf man sich Zeit lassen, Zeit zum

Beobachten und zum Lernen. Bäume werden dann noch früh genug ausgerissen.

5. Er kommt noch früh genug – der Berufsalltag

Man hat Fuß gefasst, die erste Zeit ist erfolgreich überstanden und nun kommen die großen und kleinen Herausforderungen des Alltags. Immer wieder kommen Menschen mit Problemen in meine Beratung, die mit den Aufgaben zu tun haben, die im Arbeitsleben an sie heran getragen werden und auf die sie nicht oder nur mangelhaft vorbereitet wurden. Das hat viel damit zu tun, dass sich das Arbeitsleben gewandelt hat, hat man zu Zeiten der Ausbildung zu einer Bürokauffrau vor zwanzig Jahren oder während des Studiums der Informatik noch nicht im Traum daran gedacht, auch mal irgendwann Vorträge halten zu müssen oder Meetings zu leiten, so kann man sich just in dieser Situation unversehens wieder finden, und sei es, weil jemand erkrankte und man kurzfristig einspringen muß.

Auch Stilrichtungen haben sich geändert, zum Beispiel beim Telefonieren oder bei direkten Kundenkontakten werden heute andere Dinge erwartet, als das früher der Fall war. Man kann getrost sagen, dass es heute stark um Emotionales – auch im Geschäftsleben – geht. Produkte sind sich ähnlich geworden, das Zünglein an der Waage macht etwas anderes aus, etwas, was mit Stimmung und Emotion zu tun hat. Emotionalität wird zu einem großen Teil über die Stimme hergestellt, was wiederum einen Einfluss auf das Telefonieren hat, auf das Halten von Vorträgen und Präsentationen usw.. Nicht zuletzt sind die Verkäuferinnen und Verkäufer am erfolgreichsten, die Zufriedenheit ausstrahlen: Wer glücklich ist, zieht andere an, die auch glücklich sein wollen.

5.1 Eine geschulte Sprache macht sich bezahlt

Die Sprache verrät sehr viel über die sprechende Person. Sie verrät, wo jemand her kommt. Etwas, das über den Dialekt bei der regionalen Herkunft noch auf der Hand liegt. Bei der sozialen Herkunft, die nicht minder deutlich zu hören ist, wird die Sache schon komplizierter. Die Art und Weise der benutzten Worte, die Größe des Wortschatzes und die Aussprache und grammatikalische Sicherheit lassen hier tiefe Einblicke zu. Bildung und deren Fehlen, Alter und kulturelle Zusammenhänge zeigen sich über die Sprache und die Wortwahl. Das alles sollte man beachten, wenn man Wert auf ein positives Image im beruflichen Umfeld legt.

Selbstverständlich sollte es sein, dass Kraftausdrücke tabu sind. Auch der übermäßige Gebrauch von Modeworten sollte vermieden werden. Jedes berufliche System, jeder Berufszweig hat allerdings seinen eigenen Jargon. Um wirklich dazu zu gehören muss man ihn beherrschen und zumindest in gewissem Umfang teilen. Denn der Gebrauch der „Systemsprache“ macht zu Insidern, und Insider sind die, die sympathisch sind. Es macht also keinen Sinn und ist darüber hinaus unhöflich, auf einer

Baustelle eine akademische Sprache zu sprechen und umgekehrt.

An einem breiten Dialekt oder einem starken Akzent sollte aus Gründen der allgemeinen Verständlichkeit gearbeitet werden. Im privaten Raum hat beides sehr wohl seinen Ort, weil es eine sprachliche Heimat bildet, aber im beruflichen Zusammenhang ist es eher Fehl am Platz. Allerdings wirkt eine gewisse Klangfärbung durchaus charmant und macht die Stimme unverwechselbar. Unbedingt vermieden werden sollten grammatikalische Fehler, wie sie im Dialekt hin und wieder vorkommen.

Um die Sprache zu schulen und allgemein zu verbessern indem man einen breiteren Wortschatz erwirbt, empfiehlt sich das Lesen von seriösen Tageszeitungen – über die Klatschspalten hinaus. Die Aussprache und Intonation lässt sich durch lautes Vorlesen von Texten positiv beeinflussen. Auch das konzentrierte Verfolgen von Wortbeiträgen im Radio trägt zur Sprachentwicklung bei. Dieser Effekt ist bei Fernsehsendungen niedriger, da die Aufmerksamkeit durch die Bilder beeinträchtigt wird.

Ein besonderer Hinweis: Fremdworte lassen sich nicht immer vermeiden, weil sie manchen Sachverhalt treffender beschreiben oder unverzichtbarer Teil einer Fachsprache sind. Aber aus Gründen der Höflichkeit sollte man sie wo es geht vermeiden. Wenn man sie jedoch trotzdem einsetzt, dann sollte man sich genau über deren Bedeutung im Klaren sein. Denn getreu des

Grundsatzes, dass knapp daneben auch vorbei ist, ist nichts peinlicher, als ein falsch benutztes Fremdwort!

5.2 Klarheit über das eigene Denken und Fühlen vermeidet Konflikte

Klarheit über das eigene Denken und Fühlen sind die Grundlage für Botschaften, die ihr Ziel erreichen. Klaffen das bewusste Handeln und die Gefühle auseinander, dann kommt es zumindest zu Irritationen, die zu einem mehr oder minder schweren Missverständnis führen können.

Das mag an dem folgenden Beispiel deutlich werden: A spricht ein „herzliches Willkommen" mit verschränkten Armen und schiefem Lächeln aus. Da bleibt viel Spielraum für die Phantasie von B, des Begrüßten. Woran soll B sich orientieren? An den Worten oder an der Körperhaltung und der Mimik?

Um diese ungute Situation zu vermeiden tut man gut daran, wenn man sich über seine Gefühle im Klaren ist. In unserem Beispiel könnte es sein, dass Person A sich zuvor geärgert hat, der Ärger noch nicht abgelegt wurde und er ihn nun in die Begrüßung hinein trägt. Person B sieht sich mit diesem Ärger konfrontiert und bezieht ihn auf sich. Er wird A für unaufrichtig halten, denn das Gesagte stimmt nicht mit dem Gesamteindruck überein. Nun könnte B nachfragen um die Situation zu klären. Aber das ist umständlich und erfordert Mut und ein gerüttelt Maß an Souveränität.

Einfacher wäre es, wenn A sich vor der Begrüßung kurz bewusst gemacht hätte, dass er ärgerlich ist, aus welchem Grund er sich ärgert und wie er diesen Ärger hinter sich lassen kann. Das zentral Wichtige ist hier die Bewusstmachung, denn sie führt in den meisten Fällen schon zu der Relativierung oder Auflösung des Gefühls. Ideal ist es, wenn eine kleine Ablenkung, wie ein Blick aus dem Fenster, ein lockeres Gespräch oder eine Atemübung eingeschoben werden kann. Berufliche Situationen können zu weitreichend sein, als dass sie solcherart belastet werden sollten.

Ein besonderer Hinweis: Es gibt keine guten oder schlechten Gefühle, keine angemessenen oder unangemessenen. Jedes Gefühl hat seine Berechtigung und ist es Wert, wahrgenommen zu werden. Aber es muss deshalb nicht in egozentrischer Weise zum Ausdruck gebracht werden. Das goldene Mittelmaß ist richtig.

5.3 Gekonnt telefonieren – das Salz in der Suppe des Arbeitsalltags

Ich erinnere hier an die weiter oben gemachte Äußerung über Erkenntnisse der Soziolinguistik: Die Wirksamkeit einer Botschaft wird nach Untersuchungen des Soziolinguisten Albert Mehrabian[1] nur zu 7% vom Inhalt bestimmt, alles weitere hängt von der Stimme und zum größten Teil von der Gesamterscheinung ab. Nun steht uns beim Telefonieren nur die Stimme und der Inhalt zur Verfügung, der fehlende Teil wird vom Gehirn in Form eines Fantasiebildes, ähnlich wie ein nicht zu Ende gespieltes Lied, das in Gedanken fast zwanghaft immer weiter gesungen wird, produziert. Es ist also wichtig, per Stimme einen positiven Eindruck zu hinterlassen.

Man meldet sich deshalb immer deutlich mit dem eigenen Namen, dem man den Firmennamen anhängt. Eher konservative Unternehmen stellen den Firmennamen an die erste Stelle, doch ist hier zu beachten, dass die Frau Müller oder der Herr Maier mit der freundlichen Stimme die unmittelbare Kontaktperson sind und die hier geweckte Sympathie auf das Unternehmen, das häufig für den Anrufenden nur ein anonymes Gebilde darstellt, ausstrahlt. Hieran schließt sich die Frage „Was kann ich für Sie tun?" an. Hektik oder gar Arroganz haben in der professionellen Telefonstimme absolut nichts zu suchen. Wenn ein Anruf ungelegen kommt, vereinbart man einen späteren Rückruf – der dann auch zur festgesetzten Zeit erfolgt.

Beim Telefonieren sollten bestimmte Zeiten eingehalten werden. Viele Menschen beginnen ihren Arbeitstag sehr früh, um ungestört vom Telefon wichtige Arbeiten zu erledigen. Deshalb sollte erst ab 9.00 h angerufen werden. Die Zeit nach der Mittagspause ist ebenfalls ungünstig, falls man Wert auf ein konzentriertes Gespräch legt. Das Leistungs- und Konzentrationstief ist in dieser Zeit weit verbreitet. Privatpersonen sollten zwischen 13.00 h und 15.00 h vom Telefonklingeln verschont bleiben.

Unbedingt unterlassen sollte man, auch am Handy, ein „Hallo“ oder gar „Ja“ anstelle eines korrekten Meldens mit dem Namen, denn es zeugt nicht von einer guten Kinderstube.

Ein besonderer Hinweis: Ein Lächeln macht eine Stimme angenehm und sympathisch und hebt noch dazu die eigene Laune. Wenn das Gehirn schon ein Fantasiebild produziert, dann kann es sich auch ebenso gut einen netten Menschen am anderen Ende vorstellen. Und nette Kontakte sind das Salz in der Suppe des vielleicht manchmal faden Arbeitsalltags!

5.4 Vorträge vorbereiten – das Publikum verdient Respekt

In beruflichen Zusammenhängen kommt man mehr oder weniger häufig in die Verlegenheit, einen Vortrag oder eine Präsentation halten zu müssen. Für viele Menschen ist das ein Schreckgespenst. Doch bei einer gründlichen Vorbereitung kann es sogar Freude machen, eine Rede zu halten. Wie sieht aber eine gründliche Vorbereitung aus?

Nüchterne Fakten kann das zukünftige Publikum einfach nachlesen und braucht dazu nicht in einen Vortrag zu gehen. Wenn man sich also schon die Mühe einer Rede macht, dann sollte man sich zu schade sein, um sich zur bloßen Litfasssäule zu degradieren. Die redende Person darf ruhig als Persönlichkeit sichtbar werden, das heißt unter anderem, dass man sich aus der Fülle der Faktoren, die ein meist vorgegebenes Thema beinhaltet, ein „inoffizielles" Thema heraus greift, etwa einen Gesichtspunkt, der einen selbst am ehesten anspricht und den man besonders erwähnenswert oder interessant findet, etwas, was später als eindeutige Botschaft erkennbar ist. Dieses „heimliche Thema" bildet den roten Faden, auf dem sich die Struktur des Vortrages aufbaut.

Über das erwartete Publikum holt man so viele Informationen ein wie möglich, denn dieses Publikum bestimmt die Sprache und die Ausdrucksweise des Redenden – „gute Redende reden nicht zur Sache sondern zu Menschen". Das bedeutet, dass eine Rede sowohl informativ als auch interessant sein muss. Trocken herunter gebetete Fakten sind eine Zumutung für die Zuhörenden und damit unhöflich. Dezenter und weise eingesetzter Humor hingegen ist eine wunderbare Brücke zur Übermittlung von Inhalten und er sollte vor allem dort eingesetzt werden, wo sich das Publikum etwas merken soll. Die Ausführungen können gerne bildhaft und mit Beispielen und Anekdoten versehen sein, denn so wird Langeweile effektiv vorgebeugt. „Gute Redende machen Hörende mit den Ohren sehend." Dazu gehört es, eine Beziehung zum Publikum aufzubauen, indem nicht monologisiert wird, sondern ein vertrauensvolles Zwiegespräch mit dem Publikum geführt wird.

Ein besonderer Hinweis: Das Publikum verdient Respekt, denn es vertraut der vortragenden Person. Es wird respektiert, indem verständlich gesprochen wird, der Zeitrahmen peinlich genau eingehalten wird und als oberster Grundsatz die Wahrhaftigkeit gilt. Alles, was gesagt wird muss wahr sein, aber nicht alles, was wahr ist, muss gesagt werden!

5.5 Vorträge halten – Lampenfieber gehört dazu

Gerade bei Vorträgen, es liegt auf der Hand, gilt die schon mehrfach erwähnte Formel Albert Mehrabians[1]: Die Wirkung einer Botschaft wird nur durch 7% vom Inhalt bestimmt, 38% bewirken die Stimme und stolze 55% hängen vom Gesamteindruck der sprechenden Person ab: Wie sieht die Person aus, was hat sie an, wirkt sie nervös, ist sie sympathisch und damit vertrauenerweckend?

Zum Glück fällt der Gesamteindruck nicht auf geheimnisvolle Weise vom Himmel sondern man hat innerhalb gewisser Grenzen durchaus einen Einfluss darauf. Auf die bereits zur Vorbereitung eingeholten Informationen zum Publikum, zur Stadt und zum Raum kann man bestens zurückgreifen (siehe „Vorträge vorbereiten – das Publikum verdient Respekt“). Ein Bierzeltpublikum braucht ein anderes Auftreten als ein politisches Gremium oder die Zuhörerschaft auf einer akademischen Feier. Dem gemäß wird die Kleidung ausgewählt, auch die Frisur bedarf einer gewissen Aufmerksamkeit. Innerhalb des adäquaten Dresscodes wählt man eine individuelle Ausprägung aus. Neue Kleidung sollte zuvor auf ihre Bequemlichkeit getestet werden – es stört die Ausstrahlung empfindlich, wenn Ärmellöcher spannen oder Schuhe drücken. Männer sollten auf die Länge ihrer Socken achten, es darf keine nackte Haut, auch bei übereinander geschlagenen Beinen zu sehen sein. Frauen sollten sich in einem Rock frei bewegen können und demgemäß die Länge wählen. Das Accessoire, das beim raschen Drehen vor dem Spiegel ins Auge fällt, sollte abgelegt werden, es stört sonst die Aufmerksamkeit der Zuhörenden.

Es macht sich bezahlt, wenn der Vortragsraum vor Beginn der Veranstaltung in Ruhe besichtigt werden kann und man sich mit dem Raum vertraut machen kann. Die Zeit sollte so bemessen sein, dass auch noch Gelegenheit bleibt für einen mindestens 10-minütigen flotten Spaziergang vor Beginn der Veranstaltung. Die Sauerstoffzufuhr tut dem Gehirn und damit der Konzentrationsfähigkeit gut und die schnelle Bewegung verschafft eine frische Gesichtsfarbe. Die Stimme klingt durch die tiefere Atmung nach einer Anstrengung angenehmer und das Lampenfieber wird reduziert.

Ein besonderer Hinweis: Es gibt nur sehr wenige Menschen, die ohne Lampenfieber vor ein Publikum treten können. Es gehört dazu und muss hingenommen werden wie schlechtes Wetter.

5.6 Vorträge halten – ein Zwiegespräch mit dem Publikum

Jetzt ist der große Moment gekommen. Die Vorbereitungen sind abgeschlossen, das Script ist erstellt und in einer Schriftgröße ausgedruckt, die sich bequem im Stehen vom Pult ablesen lässt. Besonders markante Stellen wurden farbig hervorgehoben und fallen sofort ins Auge. Die Powerpoint-Präsentation steht, bzw. die Folien liegen geordnet in einer Mappe und die Technik ist überprüft – der Vortrag kann beginnen.

Vor Antritt der Rede lässt man sich zwischen einer halben Minute und einer Minute Zeit, ordnet die Papiere und lässt den Blick mit einem Lächeln durchs Publikum gleiten. Dadurch wird die erste und wichtigste nonverbale Verbindung zum Publikum hergestellt. Erst dann wird der erste Satz gesprochen. Dabei wird der Blickkontakt zur Zuhörerschaft kontinuierlich aufrechterhalten. Keinesfalls sollte zu der alten Methode gegriffen werden, die da lautet, dass man knapp über die Köpfe der Menschen hinweg blickt. Das Publikum hat sich geändert, es legt heute Wert auf Authentizität und würde die Distanz spüren und negativ verbuchen. Bei großem Lampenfieber ist es stattdessen besser, wenn man sich ein freundliches, wohlwollendes Gesicht sucht und immer wieder mit den Augen – quasi als Belohnung – dorthin zurückkehrt. Trotzdem schweift der Blick aber ruhig in die Runde, verweilt kurz bei den einzelnen Gesichtern und wandert weiter.

Beim Sprechen werden Floskeln vermieden, wie „bekanntlich“, „selbstverständlich“, und so weiter. Denn sie grenzen Menschen aus, für die eben die angesprochenen Gesichtspunkte nicht bekannt oder selbstverständlich sind – und das dürfte die Mehrzahl sein.

Es wirkt angenehm, wenn beim Reden Pausen gemacht werden. So bleibt Zeit, um das Gehörte wirklich aufzunehmen und den Bildern Raum zu geben, die geschickte Redende in den Köpfen ihrer Zuhörenden haben entstehen lassen. Die kleinen Pausen können wieder für den lächelnden Blickkontakt genutzt werden.

Ein besonderer Hinweis: Vortragende, die still stehen oder sitzen und eine ausdrucksvolle aber ruhige Mimik und Gestik haben gelten als kompetenter und vertrauenerweckender als Personen, die von einem Fuß auf den anderen treten oder auf dem Stuhl herum rutschen.

5.7 Geschäftsgespräche zielgerichtet und ergebnisorientiert führen

Wie bei der Vorbereitung zu einem Vortrag sollten das Interesse und der Nutzen des Gesprächspartners bei der Planung von wichtigen Geschäftsgesprächen im Vordergrund stehen. Es geht bei diesen Gesprächen nicht darum, eine Bühne für die eigene Brillanz und Redegewandtheit zu schaffen und damit das Gegenüber zu langweilen und ihm die Zeit zu stehlen, sondern es geht um Geschäftsinteressen und um die Einbeziehung des oder der Gesprächspartnerinnen und -Partner.

Dazu stellt man sich bei der Vorbereitung folgende Fragen:

Welchen Kenntnisstand haben die anderen?
Wie sind ihre Bedürfnisse gelagert?
Wer besitzt welche Kompetenzen und kann sie zum gemeinsamen Nutzen einbringen?

Diese gründliche Vorbereitung öffnet über den unmittelbaren Zweck hinaus die Türen zu den Anwesenden, denn wenn man durch einen positiven Satz, dem die Gesprächspartner zustimmen können zeigt, dass man sich mit ihnen befasst hat, steigt man im Ansehen der anderen. Ebenso sollte man nie ohne Unterlagen in ein Gespräch gehen, auch wenn man die anzusprechenden Punkte präsent hat. Es wird nämlich als ein Ausdruck von Wertschätzung genommen, wenn sichtbar eine solide Vorbereitung statt gefunden hat. Dieser Effekt setzt nicht zuletzt deshalb ein, weil so niemand unnötig Zeit vergeuden muss. Gehört es doch mit zu dem Ärgerlichsten im Geschäftsleben, wenn über die kostbare Zeit anderer verfügt wird, indem man sich nicht an einen Zeitrahmen oder an die Grundsätze der Effektivität hält.

Ein Gespräch wird sinnvoller Weise durch Fragen gesteuert, deren Antworten konzentriert zugehört wird. Diese Konzentration wird durch zustimmende Gesten, wie zum Beispiel Kopfnicken und Lächeln signalisiert. Man sollte zu Begin der Besprechung nicht vergessen, gemeinsam eventuelle Pausen fest zu legen. Befinden sich Raucher im Raum, dann sollten sie das Rauchen unterlassen, aber umso wichtiger sind die Pausen, da das Absinken des Nikotinspiegels zu Konzentrationsstörungen führen kann. Auch die Dauer des Gesprächs wird festgelegt und strikt eingehalten. Es bremst ausufernde Redende außerdem, wenn man die Dauer der Redebeiträge durch den Hinweis auf die verbleibende Zeit limitiert.

Ein besonderer Hinweis: Jedes Gespräch muss mit klaren Handlungsanweisungen bzw. -Absprachen beendet werden, will man nicht den sarkastischen Satz hören „Es war nett, darüber geredet zu haben…“.

6. Kommunikation und die Probleme damit

6.1 Gelungene Kommunikation ist Glückssache (P.Watzlawik)[5] – oder doch nicht?

Kommunikationsfähigkeit gehört zu den entscheidenden Schlüsselqualifikationen im Erwerbsleben – namentlich dann, wenn Führungspositionen auszufüllen sind. Das adäquate Kommunizieren, die Steuerung der Kommunikation und das Schaffen von Bedingungen für gelungene Kommunikation sind Chefsache.

Leider wird häufig so getan, als würde diese wichtige Qualifikation quasi mit der Muttermilch eingesaugt und damit basta. Dass Kommunikation bestimmten Regeln folgt, die man lernen kann und sollte wird leicht übersehen.

Wenn etwas mitgeteilt wird, wenn also kommuniziert wird, dann geht es nicht um nur eine Sache. Friedemann Schulz von Thun, Hamburger Kommunikationswissenschaftler[6], geht davon aus, dass in jeder beliebigen Mitteilung oder Nachricht vier Botschaften enthalten sind, nämlich

der Sachinhalt
die Selbstoffenbarung
der Appell und
die Beziehung

Betritt beispielsweise die Chefin den Raum und sagt zum Team: „Die Luft ist abgestanden“, dann äußert sie sich zu einer Sache (Sachinhalt). Sie teilt von sich mit, dass sie frische Luft möchte (Selbstoffenbarung). Wird daraufhin von irgendjemand das Fenster geöffnet, dann hat der Appell funktioniert. Eventuell klingt ein Vorwurf mit, dass längst schon jemand für ausreichende Lüftung hätte sorgen können (Beziehung). Nun liegt es an den einzelnen Teammitgliedern, zu interpretieren, welcher Aspekt denn nun gemeint war ... . Damit wird klar, dass auch eine scheinbar objektive Mitteilung niemals wirklich neutral ist, weil immer die vier verschiedenen Aspekte mitschwingen.

Hier liegt der zentrale Punkt von gelungener Kommunikation: Die Klarheit. Vor jeder wichtigen Äußerung sollte man sich bewusst sein, was man ausdrücken will und das dann so deutlich wie möglich formulieren. In unserem Beispiel könnte der Satz dann lauten: „ Die Luft ist abgestanden, Herr Maier, bitte öffnen Sie das Fenster, dann kann ich mich besser konzentrieren.“

Ein besonderer Hinweis: Am Anfang mag man sich wie der Tausendfüssler fühlen, der nicht mehr vom Fleck kommt, wenn er beginnt darüber nachzudenken, welchen Fuß er zuerst benutzt. Auch bei gelungener Kommunikation gilt der Grundsatz „Übung macht den Meister!“.

6.2 Kritik äußern ohne zu verletzen

„Was du nicht willst was man dir tu´, das füg auch keinem andern zu!“ dieser alte Satz hat als Richtschnur bei zu äußernder Kritik einmal mehr Berechtigung. Denn wenn Kritik einen positiven Prozess einleiten soll, dann muss sie so vorgebracht werden, dass sie nicht verletzt, sondern angenommen werden kann.

Fehler passieren, das ist menschlich. Termine werden vergessen, falsche Unterlagen werden verschickt. Alles Dinge, die nun einmal vorkommen, aber Anlass für berechtigte Kritik bilden. Als Ventil für die eigene schlechte Laune, für Missgunst oder Neid darf Kritik jedoch nicht missbraucht werden. Bevor Kritik ausgesprochen wird, sollte man sich also fragen, welches Ziel man damit verfolgt, wie die Situation tatsächlich ist und welche Gefühle das eigene, momentane Handeln bestimmen. Ist die Situation emotional zu sehr aufgeladen, dann verschiebt man das Gespräch besser auf einen anderen Zeitpunkt. Jedoch sollte dieser Termin nicht in allzu ferner Zukunft liegen, je eher das unangenehme Gespräch geführt wird, umso besser ist es. Lässt es sich nicht verschieben, dann atmet man ein paar Mal tief durch und achtet während des Sprechens auf die eigene Stimme, die Lautstärke und den Tonfall. Jeder emotionale Ausbruch kann einen Verlust an Autorität bis hin zur Lächerlichkeit bedeuten.

Wenn hingegen Zeit zur Vorbereitung da ist, dann wählt man einen strategisch günstigen

Ort, bei größeren Beanstandungen beispielsweise sollte das Gespräch im Büro der Person stattfinden, die die Kritik ausspricht. Hier besteht sozusagen Heimvorteil. Ferner legt man sich Stichpunkte zurecht, um nichts zu vergessen.

Es ist denkbar ungeschickt, zu verallgemeinern („...immer machen Sie...!") oder alte Kritikpunkte aufzuwärmen („...bereits vor zwei Jahren haben Sie...!"), man bleibt am aktuellen Thema und führt das Gespräch so, dass der Kritisierte nicht aus Verletztheit in Abwehr gehen muss, sondern konstruktive Vorschläge für das künftige Vorgehen machen kann.

Ein besonderer Hinweis: Der Kritisierte muss das Gesicht wahren können, will man keine unkontrollierbaren Folgen herauf beschwören. Deshalb kritisiert man nicht vor Dritten, treibt niemanden in die Enge und macht nicht nieder, in dem man die gesamte Person entwertet. Vergangenes kann man nicht rückgängig machen, jetzt geht es um ein zukünftiges Bessermachen.

7. Der Umgang mit Konflikten

7.1 Konflikte gehören zum Leben

Konflikte gehören zum Leben und sind zunächst einmal nichts Negatives. Es kommt auf den positiven Umgang damit an und dazu gehört ein Stück persönliche Größe. Wer immer Recht haben muss oder aus Angst vor Harmonieverlust zu allem Ja und Amen sagt, verliert am Ende.

Dabei wachsen sich Konflikte, deren Bearbeitung vermieden wird, zu unkontrollierbaren Gebilden aus, die schließlich die gesamte Atmosphäre vergiften können und das Arbeitsklima nachhaltig verschlechtern. Die Lager verhärten sich, es werden „Negativpunkte" gesammelt und beim geringsten Anlass kommt es zu Ausbrüchen von Wut, die nicht der Situation angemessen scheinen. Klatsch und Tratsch entstehen, es werden Intrigen gesponnen und die Energie, die eigentlich der Arbeit zur Verfügung stehen sollte, ist in einem fruchtlosen Spiel von „Gut gegen Böse" gebunden. Unterschwellige Machtkämpfe, innere Kündigung und Krankheiten sind die Folge. Nicht selten wird die Öffentlichkeit einbezogen, zum Beispiel über die Presse.

Eine Partei strebt den Sieg über die andere an, denn beide sind der Meinung im Recht zu sein. Dadurch verhärten sich die Fronten, der Verlierer sinnt auf Rache und eine weitere Runde im verhängnisvollen Kreislauf des außer Kontrolle geratenen Konfliktes ist eingeläutet.

Dabei wird nur zu gern vergessen, dass es mehr als eine Wahrheit gibt. Die Welt ist zu vielschichtig, als dass es nur eine Lösung, eine Sicht auf die Dinge geben könnte. Es ist davon auszugehen, dass alle, die am Konflikt beteiligt sind, keine „schlechten" Menschen sind, sondern lediglich unterschiedliche Sichtweisen und Interessenlagen haben, die auf der persönlichen Geschichte beruhen. Und es ist keineswegs so, dass es immer einen Gewinner und einen Verlierer geben muss.

Daraus wiederum folgt, dass die Konfliktlösung hier anzusetzen hat: Es muss eine Lösung angestrebt werden, von der beide Parteien profitieren. Vereinfacht bedeutet das, dass es mehr zu verteilen gibt, als einen Kuchen: „Du bekommst mehr Kuchen, dafür erhalte ich mehr Schokolade".
Ein besonderer Hinweis: Faule Kompromisse, Drohungen oder Generalisierungen wie „typisch", „das war schon immer so...", usw. führen zu keiner Klärung sondern zu einer Verschärfung des Konfliktes. Und das kann in niemandes Interesse sein.

7.2 Konflikte als Chance

Die Chance von Konflikten liegt in ihrem Veränderungspotenzial. Manchmal sind Strukturen so festgefahren, dass nur ein starker Motor sie wieder zum Laufen bringen kann und diese Funktion übernimmt ein Konflikt. Jedoch bedarf es des sorgfältigen Umgangs, damit das

Ergebnis wünschenswert im Sinne einer positiven Weiterentwicklung ist und nicht ins Negative kippt und zerstörerisch wird – denn diese grundsätzliche Möglichkeit ist immer gegeben.

Es gibt zehn positive Wege zur Beilegung von Konflikten:

1. Der Konflikt wird als gemeinsames Problem beider Seiten betrachtet und deshalb wird das Gespräch von Angesicht zu Angesicht gesucht, möglichst an einem angenehmen Ort. Dazu ist aber Absprache nötig, denn niemand darf vor vollendete Tatsachen gestellt werden, indem er von der Gesprächssituation überrumpelt wird.
2. Eine Klärung ist grundsätzlich möglich – dieser Gedanke bedarf der ausdrücklichen Akzeptanz aller Beteiligten.
3. Emotionen sind auf beiden Seiten berechtigt und sie bestimmen den Konfliktverlauf mindestens so stark wie die sachlichen Anliegen. Weder die emotionale noch die sachliche Seite dürfen abgewertet werden.
4. Zuhören, nicht unterbrechen, nicht bewerten oder niedermachen muss auf beiden Seiten selbstverständlich sein. Es muss der ernsthafte Versuch gemacht werden, sich in das Gegenüber einzufühlen.
5. Eine Suche nach den Schuldigen ist müßig und löst das Problem nicht, sondern verschärft es. Besser ist es stattdessen, die Zukunft zu gestalten.
6. Man muss einander nicht lieben um einen Konflikt zu klären – aber man muss sich

achten. Und man muss von der Wahrhaftigkeit beider Parteien ausgehen können.
7. Alle Beteiligten müssen sich bewegen, eine Flexibilität der Positionen soll also herausgearbeitet werden.
8. Worum geht es wirklich? Die Interessen hinter den Standpunkten werden erkennbar gemacht.
9. Wunde Punkte des Gegenübers dürfen nicht unnötig berührt werden, das käme einem „Nachtreten“ gleich. Es reicht, wenn sie bekannt sind.
10. Eine gemeinsame Suche nach Lösungen, die alle zum Handeln bringen, schließt das Gespräch.

Ein besonderer Hinweis: Auch beste Vorsätze reichen manchmal nicht aus, um eine Eskalation zu verhindern, denn man hat nicht jede Situation in der Hand, geschweige denn die Reaktionen des Gegenübers. Sollte der Konflikt also weiter bestehen, dann ist es anzuraten, eine neutrale und professionelle Mediatorin oder einen Mediator in Anspruch zu nehmen.

8. Mobbing darf nicht akzeptiert werden

8.1 Zivilcourage bei Mobbing

Den Ausdruck Mobbing hat der Verhaltensforscher Konrad Lorenz geprägt, er bedeutet: Die Zusammenrottung gegen einen gemeinsamen Feind.

Mobbing fügt der Volkswirtschaft einen horrenden Schaden zu und die von Mobbing Betroffenen erleiden nicht selten psychische und physische Schäden, die auch nach langer Zeit noch nicht verheilt sind. Niemand ist davor gefeit, irgendwann zum falschen Zeitpunkt am falschen Ort zu sein und einen Mobber unbeabsichtigt und unverschuldet zu provozieren.

Ist der Prozess des Mobbens erst einmal in vollem Gang, dann können sich die Betroffenen häufig nicht mehr allein aus der Situation befreien. Umfragen bestätigen, dass die Kolleginnen und Kollegen – auch die Vorgesetzten – oftmals bemerken, dass in ihrer unmittelbaren Umgebung gemobbt wird und sie könnten Schlimmeres verhindern.

Aber leider leben wir in der Unkultur des sich nicht Einmischens. Wir meinen, wir würden die Persönlichkeitsrechte eines Menschen beschneiden, wenn wir dessen grobes Benehmen beim Namen nennen und ihm so eine Grenze setzen. Häufig verhindert auch Angst ein energisches Einschreiten. Denn Mobber können sehr charismatisch sein und einerseits faszinieren durch ihre Kälte, andererseits eine Aureole aus Angst um sich verbreiten, der niemand aus Furcht um die eigene Haut zu nah kommen will. Selbst in der Hierarchie höher Stehende sind da nicht ausgenommen.

Dennoch sollte der Grundsatz „Wehret den Anfängen" beherzigt werden und bei den ersten Anzeichen, dass im Umfeld gemobbt wird, ein offenes Gespräch gesucht werden, bei dem klar zugunsten des Opfers Stellung bezogen wird. Man macht sich damit nicht beliebt, aber man schützt einen Menschen vor den fatalen Folgen von Schikane und Quälerei.

Ein besonderer Hinweis: Man sollte nie sagen, man habe nichts bemerkt. Mobbing kann bis zu Selbstmordversuchen gehen.

8.2 Aktive Mobber outen sich selbst

Nicht erst in wirtschaftlich schlechten Zeiten greift Mobbing um sich. Dieses die Würde des Opfers zerstörende Verhalten ist so alt, wie es Menschen gibt, die im Grunde genommen schwach sind, sich aber – vielleicht gerade deshalb – als Sieger empfinden müssen und dafür Opfer brauchen. Und je stärker das Opfer ist, umso größer und befriedigender ist der Triumph für den Täter. Man denke zur Verdeutlichung an die Bücher von Karl May, der seinen Helden Old Shatterhand, von seinem späteren Freund Winnetou veranlasst, gesund pflegen und trainieren lässt, damit er möglichst fit für seinen qualvollen Tod am Marterpfahl wird.

Denn nur ein langes, mannhaft durchgestandenes Sterben des Opfers trägt dem Täter Ehre ein. Darum geht es beim Mobbing: Um Beziehung, die sich aus Bewunderung speist.

Und um Macht, die etwas von Allmächtigkeit hat im Sinne von der Herrschaft über (Arbeits-) Leben und Tod (Arbeitslosigkeit). Zu Allmachtsphantasien gehört wie die zweite Seite der Medaille die Angst vor dem Absturz in die Ohnmacht. Und diese Angst vor der Bedeutungslosigkeit beschwört das Opfer durch seine pure, zufällige Anwesenheit herauf. Das wiederum spricht für die These, dass Mobbing meist starke, kompetente Persönlichkeiten trifft, die aus irgendeinem Grund „anders“ sind. Und anders kann man bereits sein, wenn man sich als kompetente Persönlichkeit in einem eher unprofessionellen Arbeitszusammenhang bewegt.

Mobber sind schwach und anstatt ihre Energie in eine Professionalisierung ihrer Arbeit oder ihre persönliche Weiterentwicklung zu stecken befassen sie sich mit dem gezielten Quälen von Menschen, die durch ihre Stärke diese Schwäche entlarven könnten.

Ein besonderer Hinweis: Die Diffamierung und die üble Nachrede, die dem Opfer „angehängt“ werden und die mit dem Mobbing einhergehen, sagen sehr wenig über das Opfer, aber sehr viel über das Innenleben der Mobber aus. Getreu dem Motto „Was ich denk´ und tu´ trau´ ich auch andern zu“ zeigen Intrigen und Gerüchte das wahre Gesicht des Mobbers.

8.3 Warum trifft Mobbing die Starken?

Häufig wird in der täglichen Praxis die Frage gestellt, „warum trifft Mobbing ausgerechnet mich?“, „Was mache ich verkehrt, warum ziehe ich diese Form des Quälens auf mich?“. Diese Fragen stellen sich so drängend, dass sie der Schlüssel zu sein scheinen, der es Betroffenen ermöglicht, Distanz zur Situation zu gewinnen.

Marie-France Hirigoyen[7], französische Psychoanalytikerin, stellt dazu zunächst eine Definition von Mobbing klar: „Unter Mobbing am Arbeitsplatz ist jede Verhaltensweise zu verstehen, die durch das bewusste Überschreiten von Grenzen – in Benehmen, Handlungen, Gesten, mündlichen oder schriftlichen Äußerungen – die Persönlichkeit, die Würde oder die physische bzw. psychische Unversehrtheit einer Person beeinträchtigen, deren Anstellung gefährden oder das Arbeitsklima verschlechtern kann.“[8]

Entgegen landläufiger, gern von den Tätern verbreiteter Sichtweisen, sind die Betroffenen keineswegs schwache, häufig kranke oder inkompetente Persönlichkeiten. Im Gegenteil, gerade die Fähigkeit, Repressalien zu widerstehen, Autorität Widerstand zu leisten oder peinlich genau zu arbeiten und ein Immer-zur-Stelle-sein zeichnen die Opfer von Mobbing überproportional häufig aus.
Erst der Prozess des Quälens lässt diese Menschen auf eine Art und Weise reagieren, die quasi im Nachgang die Sicht des Aggressors bestätigen. Bricht die gequälte Person etwa in

Tränen aus, kommt es zu einem Ausbruch des Zorns oder es werden gravierende Fehler gemacht, so kann der Täter zufrieden sagen: „Na bitte, ich hab´s doch immer gewusst, dass der verrückt ist.., ..., dass die unfähig ist.“. Es wird der Persönlichkeit angelastet, was erst als Folge des Mobbings entsteht und man wird zu dem, was man aus ihr oder ihm machen will.

Ein besonderer Hinweis: Mobbing beschränkt sich nicht auf den Arbeitsplatz. Auch im Privatleben sind solche zerstörerischen Strukturen zu finden.

9. Selbstmanagement

Selbstmanagement, also die Fähigkeit, sich selbst zu erkennen, die Verantwortung für sich zu übernehmen, individuelle Standortbestimmung zu betreiben und mit dem Ergebnis gezielte Wege zur persönlichen und beruflichen Weiterentwicklung zu gehen, ist nicht allzu weit verbreitet. Leider wird häufig der berufliche und persönliche Werdegang als etwas begriffen, was mehr oder weniger fremdbestimmt ist, auf das man nicht wirklich Einfluss nehmen kann. Das ist schade, denn Ziele finden und motiviert verfolgen, Arbeit effektiv organisieren, Zeit richtig nutzen, kommunikative Fähigkeiten weiterentwickeln – alles das lässt sich lernen. Ein beliebiger, unkoordinierter Arbeitsstil kostet hingegen Nerven, Zeit und Geld und das ist auf jeden Fall ein Grund, sich einmal näher mit den Methoden des Selbstmanagements zu befassen.

9.1 Den persönlichen Gestaltungsrahmen erkennen und nutzen

Die Verantwortung für eine berufliche Laufbahn kann man anderen – den Arbeitgebern, der wirtschaftlichen Situation und den Kunden – überlassen, man kann sie aber auch selbst übernehmen. Es gibt selbstverständlich Faktoren, auf die man keinen Einfluss hat, es wäre töricht, diese Realität nicht anzuerkennen. Aber es bleibt immer ein persönlicher Gestaltungsrahmen übrig, den man gerade in wirtschaftlich schlechten Zeiten erkennen und nutzen sollte.

Vor allem, wenn man sich vor Augen führt, dass ein Erwerbsleben sehr lang ist und den weitaus größten Teil des Tages in Anspruch nimmt.

Dazu muss man bilanzieren und betrachten, wo man im Moment überhaupt steht. Diese Bilanz hilft dabei, Chancen und Möglichkeiten auszuloten und ist damit der entscheidende Schritt zur Übernahme der Verantwortung. Wie wird dabei vorgegangen? Am einfachsten und effektivsten ist eine Verstärkung der ohnehin vorhandenen persönlichen Stärken. Um diese zu erkennen nimmt man sich einen bestimmten Zeitraum, der mindestens die letzten 12 Monate umfassen sollte, und fragt sich, was man sich zu Beginn dieses Zeitabschnittes vorgenommen hatte, was erreicht und was verfehlt wurde. Das trägt man in ein Schema Erfolg/Misserfolg ein.

Die Rubrik „Erfolg“ enthält sowohl dokumentierte und geplante Zielerreichungen, als auch eher „zufällige“ und ungeplante Erfolge, denn gerade sie sind interessant, geben sie doch oft den Blick frei auf lohnende, bisher übersehene Wege.

Zur Vervollständigung bei der Beantwortung der Rubrik „Misserfolge“ ist es hilfreich sich zu fragen, welche Aufgaben man vor sich her schiebt, wann und in welcher Situation man bei der Arbeit gereizt reagiert und welche Kunden, Vorgesetzten und Kollegen man mag und welchen man eher aus dem Weg geht. Hier sind innere Widerstände am Werk, die berücksichtigt und vielleicht auch angegangen werden müssen.

Das Ergebnis der beiden Rubriken hilft die Leistungsfähigkeit zu erkennen, an dieser weiter zu arbeiten und nötigenfalls den Kurs zu ändern. Die schriftliche Vorgehensweise ist unbedingt zu empfehlen, denn bei einer lediglich gedanklichen Beschäftigung, wenn man sich die Dinge nur durch den Kopf gehen lässt, riskiert man ungenaue, wenig konkrete Einschätzungen, die beliebig bleiben. Denn nur allzu gern „vergisst" man die unangenehmen Dinge.

Ein besonderer Hinweis: Jede Veränderung ist unbequem. Aber das Verharren in unbefriedigenden Situationen trägt auch nicht zur Zufriedenheit bei – es sei denn, man schöpft Befriedigung aus dem Jammern.

9.2 Der tiefe Wunsch nach Zeit

In der täglichen Praxis äußert sich immer häufiger der tiefe Wunsch nach Zeit als die entscheidende Motivation, Wichtiges im Leben zu verändern. Zeit wird hier verstanden als ein freier Gestaltungsraum, als Rückzugsmöglichkeit, als Raum zur Regeneration und als Ort, an dem eine Besinnung auf „Wer bin ich" möglich ist.

Gerade im Alter zwischen Anfang und Ende Vierzig scheint sich dieses Bedürfnis verstärkt bemerkbar zu machen und eine drängende Form anzunehmen. Dazu tragen verschiedene Faktoren bei, wie zum Beispiel die Frage nach dem „War das schon alles?", etwas, das viel damit zu tun hat, dass die so genannten besten

Jahre als eine Zeit gelten, in der eine gewisse Etablierung statt gefunden hat, das Leben seinen Gang geht, der Beruf und die eigene Positionierung gefunden ist, Familiengründung und –Aufbau abgeschlossen und alles in geregelten Bahnen ist.

Die Realität ist jedoch eine andere als das Klischee suggeriert. Die wirtschaftliche Entwicklung zwingt zur Beweglichkeit im Job, Beziehungen erweisen sich eben nicht als der Inbegriff aller Entschädigung für Mühen und Entsagungen und eine diesbezügliche Desillusionierung ist eingetreten. Dazu kommt, dass die Lebenserwartung so hoch wie noch nie ist und man davon ausgehen muss, dass eine mindestens noch einmal so lange Lebensspanne vor einem liegt, die bewusst gestaltet werden will.

Gleichzeitig nehmen die Zuweisungen der Kindheit ab, die sagen, „Du bist so und so...“. Man spürt mehr oder weniger deutlich, dass da noch etwas ist, was jenseits dieser Zuweisungen liegt und an die Oberfläche drängt.

Es ist in dieser Phase sinnvoll, sich den individuellen Umgang mit Zeit näher zu betrachten. Auch hier ist eine schriftliche Bilanzierung anzuraten. Da Zeit relativ ist, empfiehlt sich die Untersuchung des Energieaufwandes.

In welche Lebensbereiche investiere ich Energie?
Wie viel Raum nehmen diese Energiebereiche innerhalb einer endlichen Skala ein?
Wie viel Energie kommt im Gegenzug aus diesen

Bereichen zurück?
Bin ich damit zufrieden?
Oder wünsche ich mir eine andere Verteilung, sollen Bereiche wegfallen, damit andere mehr Raum erhalten können oder neue dazu kommen?

Diese Wunschvorstellungen bitte ebenfalls zur Klärung der eigenen Bedürfnisse schriftlich festhalten. Es ist ein Unterschied, den Wunsch nach Zeit nur zu spüren oder schwarz auf weiß zu sehen, wohin die Zeit, respektive die Energie, eigentlich fließt.

Ein besonderer Hinweis: Die wundersame Vermehrung von Zeit gibt es nicht. Aber ein bewusster und selbstbestimmter Umgang mit Zeit ist möglich.

9.3 Berufliche Ziele finden und realisieren

Es macht Spaß, Wünsche zu haben und von deren Umsetzung zu träumen. Einmal im Leben ein Buch zu schreiben, sich selbständig zu machen oder ganz oben auf der Karriereleiter zu stehen. Manche erreichen ihre Ziele, für viele andere bleiben sie ein Leben lang Wunschträume. Was unterscheidet diese beiden Gruppen voneinander?

Zu allererst eines: Die einen nehmen sich und ihre Träume ernst, die anderen nicht. Zweitens macht den entscheidenden Unterschied eine konkrete Zielplanung aus. Wie sieht so etwas aus? Welche Instrumente und Vorgehensweisen sind dabei sinnvoll? Als Einstieg kann man eine kreative Methode wählen und sich überlegen, wie das eigene Leben in 10 Jahren aussehen soll. Wo und wie lebe ich dann, welcher Tätigkeit verdanke ich den Broterwerb, wie sieht das soziale Umfeld aus? Hier ist das totale „Spinnen“ erwünscht!

Daraus leitet sich die konkrete Planung ab, das heißt, das Ziel wird formuliert. Und es gilt der Grundsatz, je klarer ein Ziel formuliert ist, umso höher steigt die Chance der Realisierung, denn die Zielformulierung schafft die nötige Klarheit für die Umsetzung und es werden Details für die Veränderung definiert. Folgende Fragen sind dabei hilfreich:

Welchen Zweck verfolgt die Veränderung (Absicht)?
Welcher Zustand soll erreicht werden (Ergebnis)?
Was muss dafür getan und in Kauf genommen werden (Maßnahmen/Akzeptanz)?
Wann soll der gewünschte Zustand erreicht sein (Zeitschiene)?

Auch hier bedarf es wieder detaillierter Arbeit, denn eine minutiöse Auseinandersetzung mit der persönlichen Weiterentwicklung wirkt sich positiv auf die Motivation aus – und ohne Motivation ist keine Veränderung möglich, denn jede Veränderung ist mit Arbeit verbunden und zu dieser Arbeit muss man sich bewusst entscheiden. Der Lohn dafür ist dann ein „Vorbewusstsein“, das aus der Fülle der tagtäglichen Möglichkeiten den Weg auswählt, der uns dem gemachten Konzept näher bringt.

Ein besonderer Hinweis: Mit Wünschen und Träumen sollte man vorsichtig sein – sie haben die fatale Neigung in Erfüllung zu gehen!

9.4 Berufliche Ziele – der Prozess kommt in Gang

Die Ziele sind gesetzt, die Zeitschiene ist erarbeitet und es besteht Klarheit über Absicht und Maßnahmen und den erforderlichen Energieaufwand – nun schlägt der Alltag mit seiner Desillusionierung wieder zu. Da ist es von Nutzen, wenn man sich bewusst ist, dass jeder Veränderungsprozess bestimmten, klar unterscheidbaren Phasen unterliegt.

Im ersten Schritt befindet man sich in der Euphoriephase, in der man begeistert das Neue begrüßt und sich der Hoffnung hingibt, alles möge nun anders werden, jedes Problem wird durch die angestrebte Veränderung gelöst.

Daran schließt sich die Desillusionierungsphase an, man „stürzt ab“, erinnert sich an Fehler und misslungene Projekte der Vergangenheit und schon steht der Selbstzweifel, quasi mit Ausrufezeichen versehen, vor der Tür. Alles Geplante wird infrage gestellt und die allfälligen Hürden erscheinen unüberwindbar.

Als Drittes folgt die Lernphase, hier herrscht langsam aber stetig wieder mehr Zuversicht vor. Wenn in der Planung tatsächlich minutiös gearbeitet wurde, dann wird der Silberstreifen am Horizont sichtbar: Schrittweise und konsequent kann am Zeit- und Maßnahmenplan entlang die Veränderung bewirkt werden. Die ersten Maßnahmen werden ausprobiert, Neugierde auf mehr wird geweckt und die Ansprüche an sich selbst kommen auf einen realistischen Boden.

Als letztes kommt die Leistungsphase. Das neu Erarbeitete kommt zur konkreten Anwendung, die gesteckten und zunächst in weiter Ferne liegenden Ziele werden schrittweise erreicht. Man fühlt sich sicherer und es macht wieder Spaß, an der eigenen Veränderung zu arbeiten. Das Gelernte oder die Weiterentwicklung der Persönlichkeit eröffnen neue Perspektiven über das zunächst Erwartete hinaus und es ist wieder Platz vorhanden, um neue Aufgaben anzugehen.

Ein besonderer Hinweise: Selbstzweifel sind normal und können durchaus sinnvoll sein. Aber erst, wenn man etwas tatsächlich ausprobiert hat weiß man, ob die Selbstzweifel wirklich gerechtfertigt waren.

9.5 Selbstzweifel sind überwindbar

Selbstzweifel melden sich gern im ungünstigsten Moment: Man bekommt eine herausfordernde Stelle angeboten, man versucht sich in einer neuen, ungewohnten Arbeitsumgebung einzugewöhnen, man hat Leitungsfunktionen übernommen und sucht noch nach dem richtigen Ton im Umgang mit den neuen Mitarbeiterinnen und Mitarbeitern.

Und plötzlich ist es da, dieses Gefühl, das bohrend am Selbstwertgefühl nagt und keine Ruhe gibt. Das zum Grübeln zwingt und einem alle Misserfolge des Erwachsenenlebens (mindestens!) vor Augen führt. Es ist verständlich, dass solche Situationen zunächst verunsichern. Doch es darf nicht zu einem generellen Zweifeln am eigenen Wert ausarten. In kritischen Momenten neigt man dazu, sozusagen wie das Kaninchen vor der Schlange, ausschließlich auf die eigenen Mängel – die tatsächlichen und die lediglich vermuteten – zu schauen. Man vergisst dabei völlig, dass niemand, also auch man selbst nicht, nur gut oder nur schlecht ist. Da muss also noch etwas anderes sein: Jeder Mensch hat neben allfälligen Mängeln gute Seiten und es schadet bestimmt nicht, sie sich immer mal wieder vor Augen zu führen. So auch in dieser Situation. Es ist sinnvoll, sich die eigenen Fähigkeiten ins Gedächtnis zu rufen, indem man alles aufschreibt, was man gut kann, kleine und große Dinge. Vom Dekorieren des Tisches über die Kindererziehung bis hin zum Beruf. Darauf folgt, was einen als Person ausmacht, nämlich zum Beispiel Ehrlichkeit, Zuverlässigkeit, Loyalität und auch Humor und eine angenehme Stimme. Zum Schluss notiert man, was man im Leben schon geschafft hat, wie einen Umzug, die Überwindung einer

Krankheit oder einer Trennung und den Schulabschluss. Und mindestens drei Erfolge der letzten zwölf Monate. Das gibt eine lange Liste, deren Lesen das Selbstbewusstsein bestimmt wieder aufbaut.

Selbstzweifel sind eine Variante von Angst. Man fürchtet sich davor, einer bestimmten Aufgabe nicht gewachsen zu sein, von anderen Menschen abgelehnt zu werden oder sich unmöglich zu machen. Deshalb bleibt man leider häufig passiv und hofft, dass man irgendwann mutiger wird, alles sich in Wohlgefallen auflöst und man souverän an die Herausforderungen des Lebens heran gehen kann.

Aber es funktioniert umgekehrt: Wenn man trotz der Ängste handelt überwindet man leichter die Zweifel. Natürlich soll hier nicht zu einem unkalkulierbaren Wagnis aufgerufen werden, aber bei einer sorgfältigen Planung und einer guten Vorbereitung sollte man sich den Schubs geben und über den eigenen Schatten springen. Auch wenn die Knie zittern und man eine Blamage befürchtet ist es besser, die eigenen Grenzen auszuloten als ewig nur vom entscheidenden Schritt im Leben zu träumen. Im Nachhinein wird man in den meisten Fällen sehen, dass die Befürchtungen unberechtigt waren. Und wenn nicht, dann kann man immerhin stolz darauf sein, den Schritt gewagt zu haben.

Ein besonderer Hinweis: Über Selbstzweifel sollte man nur mit wenigen, vertrauenswürdigen

Menschen reden. Eine ständige Wiederholung führt nur zur Verstärkung und damit zur Verfestigung der Selbstzweifel. Außerdem könnten andere einen beim Wort nehmen und zu Unrecht für Unfähig halten.

9.6 Wenn Karriereträume zum Greifen nah sind

Der Traum von einer Karriere ist schön - rückt dieser Traum jedoch durch ein konkretes Aufstiegsangebot in greifbare Nähe, dann tauchen leicht „Ja, aber..." Gedanken auf. Natürlich ist man einerseits geschmeichelt und hat das Gefühl, am Ziel aller Wünsche angekommen zu sein. Aber andererseits schleichen sich Fragen ein, die das Wohlbefinden und die Freude erheblich trüben können: „Soll ich das Angebot wirklich annehmen?"; „Überfordere ich mich?"; „Schaffe ich das?"; „Wie verhalte ich mich richtig, ohne mich dabei zu verleugnen?"; „Verpasse ich die Chance meines Lebens?" lauten nur einige der in den Vordergrund drängenden Überlegungen.

Nun sind ambivalente Empfindungen bei Entscheidungen dieser Tragweite völlig normal. Aber trotzdem kann es nicht schaden, deren Ursachen genauer auf die Spur zu kommen. Zur Klärung sollte man sich deshalb Gedanken darüber machen, welche Sätze die Kindheit beeinflusst haben und das künftige Leben beeinflussten. Waren das einschränkende Sätze, wie: "Aus dir wird nie was!"; „Das verstehst du noch nicht!“ oder gar „Mädchen die pfeifen und Hühnern die krähen, soll man beizeiten die Hälse umdrehen!“? Oder waren sie vermeintlich unterstützend, wie „Du schaffst das!“; „Ein Indianer kennt keinen Schmerz!“, „Du bist doch mein Großer!“ – wobei die Angst des Kindes außer Acht gelassen wurde.

Was auch immer es war, es gibt Aufschluss über die Herkunft heutiger Selbstzweifel. Wenn man sich dann vor Augen führt, dass vielleicht gerade das „pfeifende Mädchen“ durch sein selbstbewusstes Auftreten Erfolge erzielte oder der Junge, „aus dem nie etwas wird“, Beachtliches im Leben erreicht hat, dann entlarvt man einen guten Teil der zweifelnden Fragen vor dem entscheidenden Karriereschritt als Relikt einer weit zurückliegenden Kindheit. Der zweite Schritt zur Klärung ist dann die ernsthafte Frage, wie das eigene Leben aussehen soll. Hilfreich dabei ist die Fragestellung, auf welches Leben man zum Zeitpunkt der Pensionierung zurück blicken will.

Ein besonderer Hinweis: Am Ziel der Wünsche angekommen zu sein lässt viele Menschen zurückschrecken – es ist besser unterwegs zu sein, als anzukommen. Aber man kann ganz unbesorgt sein: Die Erfüllung eines Traumes gebiert wieder neue Träume!

9.7 Neue Motivation durch Weiterbildung

Oft erstarrt der Arbeitsalltag in Routine. Jeder Handgriff wurde schon zu oft ausgeführt, jeder Gedanke schon gedacht, neue Ideen scheinen sich in einen langen Erholungsurlaub verabschiedet zu haben und das Arbeitsleben könnte insgesamt schon seit geraumer Zeit mal wieder mehr Pep vertragen. Nun ist die gegenwärtige wirtschaftliche Situation nicht unbedingt dazu geeignet, um der um sich greifenden Langeweile oder Frustration mit einer Kündigung zu begegnen – es sei denn, eine neue Stelle ist bereits konkret in Sicht. Wie ist also alternativ der eingeschlafenen Motivation auf die Sprünge zu helfen?

Als Mittel der Wahl gilt hier die Weiterbildung. Zusätzlich zum frischen Wind bringt sie als wünschenswerte Effekte einen wesentlichen Beitrag zur Arbeitsplatzsicherung, sie kann einen neuen Karriere-Schritt einleiten und sich auf dem Gehaltszettel angenehm in Form einer Erhöhung niederschlagen. Mehrere Fliegen werden also mit einer Klappe geschlagen.

Nun ist allerdings der Weiterbildungsmarkt riesig und neigt zur Unübersichtlichkeit. Um ein geeignetes Angebot zu finden, sollte man sich, neben den Nützlichkeitserwägungen, im ersten Schritt fragen, was man „schon immer einmal wissen wollte“. Ferner ist die Frage sinnvoll, welche Position man in fünf Jahren einnehmen will und wo die eigenen Stärken liegen. Eine Fort-

oder Weiterbildung, die an den eigenen Stärken ansetzt verspricht die besten Erfolgschancen.

Weniger Gedanken sollte man sich hingegen um den Zeitaufwand oder andere Hinderungsgründe machen. Denn solche Erwägungen führen dazu, dass auch der schönste Plan nie zur Umsetzung kommt. Besser ist es stattdessen, nach dem Motto „Wo ein Wille ist, ist auch ein Weg“ vorzugehen.

Der anschließende Schritt könnte zu Beratungsstellen für Weiterbildung bei Kammern und Volkshochschulen, die unabhängig von ihrer Trägereinrichtungen beraten (bitte genau informieren!), führen. Hier wird fundierte Auskunft über Adressen und Wege gegeben.

Ein besonderer Hinweis: Eine qualitativ hochwertige, kostengünstige und zeitökonomische Form der Weiterbildung ist die Gasthörerschaft an der Uni oder einer Fachhochschule, was auch ohne Abitur möglich ist. Durch das sich vom gewohnten Arbeitsalltag stark unterscheidende Umfeld kann diese Form der Weiterbildung das Leben noch einmal komplett öffnen, neue Perspektiven aufzeigen und Lust auf innovative Wege machen.

10. Smalltalk, die gute, alte, leichte Konversation

10.1 Smalltalk ist eine erlernbare Kunst

In geschäftlichen Zusammenhängen können Sie den Smalltalk nicht umgehen, sei es auf dem Flur, in Besprechungspausen oder beim Empfang – Smalltalk gehört dazu und ist eine gute Möglichkeit, positiv auf sich aufmerksam zu machen. Denn beruflicher Erfolg hängt nun einmal vom Bekanntheitsgrad ab.

Überfällt einen schon allein bei der Vorstellung, Akteurin oder Akteur eines ungezwungenen Gesprächs zu sein, Unsicherheit? Man kann unbesorgt sein, denn damit ist man keineswegs allein! Daraus folgt, dass man davon ausgehen kann, dass das Gegenüber genauso von Selbstzweifel geplagt ist wie man selbst. Und diese Selbstzweifel würden noch verstärkt werden, wenn man in dem Gesprächsverhalten zu 100% perfekt wäre, denn damit würde das Gegenüber in Zugzwang geraten. Niemand erwartet also eine rhetorische Glanzleistung. Smalltalk ist vielmehr ein Spiel, das entspannen und Freude bereiten soll.

Man übt zunächst im privaten Rahmen. Dazu nimmt man beispielsweise Blickkontakt beim Einkaufen, in der Straßenbahn oder im Aufzug auf. Man trainiert, indem man Menschen auf der Straße anlächelt und im Geschäft, beim Anstehen an der Kassenschlange, ein paar belanglose Worte wechselt. Man setzt sich ein

Ziel, beispielsweise in einer Woche mit drei fremden Menschen zu reden. Und dann dehnt man das Übungsfeld auf den Job aus.

Wenn man sich beruflich in einer Gruppe aufhält, sucht man sich einen Menschen aus, der sympathisch erscheint. Man eröffnet das Gespräch durch etwas, das die Anwesenden gemeinsam haben – wie zum Beispiel die Ausstattung des Raumes, die Aussicht aus dem Fenster, ein aktuelles Thema, das der kontinuierlichen Lektüre der Tageszeitung entnommen wurde – und natürlich das Wetter. Aber dabei wird positiv über die Dinge gesprochen, Nörgler und Meckerer sind unsympathisch. Im Falle des Wetters kann das folgendermaßen aussehen: Es regnet Bindfäden und der Sturm tobt ums Haus. Prima, das macht richtig Lust auf Kerzenschein und Tee am Kamin. So weckt man angenehme Bilder und bleibt als ein netter Mensch in Erinnerung. Freundlicher Blickkontakt ohne zu starren sollte selbstverständlich sein.
Übrigens sind Menschen, die gut zuhören können und ein echtes Interesse an anderen zeigen sehr beliebt. Man braucht sich also keineswegs zu Monologen zu zwingen, wenn man eher still und zurückhaltend ist. Man hört stattdessen zu, und signalisiert Interesse durch Mimik und Gestik.

Mit Smalltalk ist es wie mit dem Sport, je ausdauernder man trainiert, umso mehr stellen sich Erfolge ein und umso mehr macht es Spaß.

Ein besonderer Hinweis: Es gibt Hardliner, bei denen ist alle Mühe umsonst. Die lassen sich einfach nicht in ein Gespräch ziehen, egal wie geschliffen die Smalltalk Strategien sind. Und die muss man auch nicht an diese Person verschwenden sondern kann sich dankbareren Zeitgenossen zuwenden!

10.2 Für den ersten Eindruck gibt es keine zweite Chance?

Diese Binsenweisheit ist vertraut und weckt, je nach persönlicher Disposition, Leistungsdruck und Widerspruch. Bestehen wir denn nicht aus mehr, als auf den ersten Blick sichtbar wird? Was nimmt man schon im ersten Moment wahr, es ist doch nur das, was der andere von sich zeigen will und was er dementsprechend in Szene setzt. Muss ich mich denn immer so kleiden und benehmen, dass der bestmögliche Eindruck entsteht? Was ist denn dann, wenn ich mich einmal nicht wohl fühle, die Frisur nicht sitzt und ich aus Versehen over- oder underdressed bin?

Um diesen Mythos vom ersten Eindruck zu entschleiern betrachten wir uns die Facetten, aus denen er sich zusammensetzt. Laut Elisabeth Bonneau[9] hat Folgendes wesentlichen Anteil beim vorbewussten Wahrnehmen einer Person:

das Äußere,
das Verhalten im Raum,
die Mimik – hier im Wesentlichen das Lächeln,
Gemeinsamkeiten wie die Sprache, bzw. der Dialekt,
der Name.

Wenn die Begegnung fort dauert, dann werden permanent neue Eindrücke mit der Ursprungswahrnehmung verglichen, der erste Eindruck erfährt eine Erweiterung in der Bestätigung des Vorherigen oder in der Korrektur. Dabei wird ein zentrales Merkmal als „Richtschnur“ herausgegriffen, das Rückschlüsse auf die gesamte Person provoziert. Zum Beispiel wird jemand, der sich höflich verhält als gebildet und hilfsbereit eingestuft, wer bei der Begrüßung hingegen patzig ist, gilt auch in anderen Zusammenhängen als unsympathisch und als nicht kooperativ.

Eine große Rolle spielt auch der Ort der Begegnung, das hießt, es ist nicht unerheblich, ob man den Bäcker in der Bäckerei antrifft oder bei einer Diskussionsrunde, die Ärztin in der Praxis oder in einer Tanzveranstaltung. Denn ein Beruf ist in einem Klischee gefangen und das Verlassen des Klischees macht neugierig auf den Menschen, der hinter dem Bild steht.

Am Ende der Begegnung, beim Abschied, geht es nochmals ums Ganze, denn hier steigt die Aufmerksamkeit wieder an. Der Abschied wird wieder mit dem ersten Eindruck verglichen und bildet damit sozusagen ein Kondensat der vorausgegangen Begegnung. Er prägt entscheidend die Erinnerung an die Person.

Ein besonderer Hinweis: Auch ein unsympathischer Mensch erweist sich, wenn man sich der Mühe des näheren Kennenlernens unterzieht, als jemand, der sich aufgrund seiner Vorerfahrungen und seiner Geschichte angemessen verhält. Damit gewinnt er wieder an Sympathie. Ein zweiter Versuch lohnt sich also allemal.

10.3 Selbstdarstellung im beruflichen Smalltalk

Von Paul Watzlawik stammt der Satz „Man kann nicht nicht kommunizieren!“[10] Das ist kein Druckfehler und bedeutet, egal, ob es nun bewusst ist oder nicht, man übt stets eine Wirkung auf die Umgebung aus. Wie man sich verhält, wie man sich kleidet, sich ausdrückt, agiert oder reagiert – das Umfeld nimmt alles wahr. Erfolgreiche Menschen sind sich darüber im Klaren und verhalten sich dementsprechend.

Um das in angemessener Form tun zu können, muss man eine gewisse Kenntnis von sich selbst haben und eine Vorstellung von der Wirkung, die man erzielen will. Auch hier gilt wieder, dass alles Aufgesetzte auch so wirkt, nur was echt ist kommt auch als stimmig an. Eine Grundvoraussetzung dafür ist, dass man zum Beispiel die ausgeübte Tätigkeit gern macht. Freude ist ein Motor und bildet die Basis für eine positive Ausstrahlung.

Im nächsten Schritt macht man sich klar, dass man in der beruflichen Sparte kompetent ist. Niemand ist perfekt, deshalb sollte man sich nach dem Muster des „ein Glas ist halb leer oder halb voll“ nach dem Rezept des halb vollen Glases richten und eine Positivliste der eigenen Fähigkeiten erstellen und sich Erfolge bewusst in Erinnerung rufen. Dann wird ein Fantasiebild erstellt, das eine erfolgreiche und beliebte Person mit diesen und weiteren Fähigkeiten zeigt. Wie sieht sie aus? Wie spricht sie? Wie verhält sie sich, wie ist sie angezogen? Das eigene Erscheinungsbild wird dann diesem Fantasiebild Schritt für Schritt angeglichen. Man sollte sich dabei auch an Vorbildern und Menschen orientieren, die angenehme Gefühle in einem auslösen.

Manchmal ist es übrigens eine Kleinigkeit, die verändert werden muss – ein gebügeltes weißes Stofftaschentuch wirkt seriöser als ein Papiertaschentuch, ein Füller stylsicherer als ein billiger Kugelschreiber.

Ein besonderer Hinweis: Wenn man sich selbst klein macht und unter Wert verkauft, egal ob durch das äußere Erscheinungsbild oder negative Äußerungen über die eigene Person, dann braucht man sich nicht zu wundern, wenn man auch so eingeschätzt wird. Niemand kann in das Gegenüber hineinblicken und etwas erkennen, was nicht deutlich nach außen gekehrt wird. Also geben Sie anderen eine Chance und präsentieren Sie Ihre Schokoladenseiten!

10.4 Authentizität ist Imagebildend

Was macht Menschen aus, die beim Betreten eines Raumes alle Blicke auf sich ziehen und das Stimmengewirr für einen Moment ersterben lassen? An wen erinnert man sich spontan, auch wenn die Konferenz, das Kundengespräch oder die Präsentation schon lange zurück liegen? Sind diese Menschen attraktiver, klüger, humorvoller als andere? Größer, kleiner, dicker dünner?

Nein, es sind selten äußere Attribute, die eine eindrucksvolle Ausstrahlung ausmachen. Vielmehr ist es eine authentische Haltung, die Menschen aus der Masse hervorhebt und angenehm auffallen lässt. Solche Menschen haben es nicht nötig, laut und aufdringlich zu sein oder sich auf Kosten anderer zu profilieren. Menschen, die in sich ruhen, brauchen andere nicht zu mobben oder sich auf sonstige unangenehme Weise in den Vordergrund zu stellen.

Authentizität bezeichnet der Hamburger Kommunikationsexperte Friedemann Schulz v. Thun als „... die doppelte Übereinstimmung sowohl mit mir selbst als auch mit dem Charakter der Situation.“[11]
Auf das Arbeitsleben bezogen könnte das bedeuten, dass Authentizität dann vorliegt, wenn man die eigene Arbeit – wie bescheiden auch immer – gern macht und das ausstrahlt. Man muss sich nicht quälen, sondern geht die anstehenden Aufgaben mit Elan an. Die Liebe zur Aufgabe ist der Motor, der erfolgreiche Menschen antreibt.

Und was innen ist, das strahlt man auch aus, man redet mit Begeisterung und wirkt selbstbewusst.

Dieses Selbstbewusstsein versteht sich als eine Bewusstheit der eigenen Person und deren Einzigartigkeit, woraus erwächst, dass man das Gegenüber ebenso als Unverwechselbar zu erkennen und zu akzeptieren in der Lage ist – denn es nimmt nichts weg, sondern es bedeutet eine Bereicherung.

Solche Menschen können anderen offen und vorurteilsfrei begegnen, weil sie ihrer eigenen Integrität vertrauen können und damit auch ihrem Gegenüber Integrität einräumen. Aber sie erkennen auch, wo Vertrauen fehl am Platz ist und setzen situationsangemessene Grenzen.

Ein besonderer Hinweis: Jeder Mensch ist einzigartig und nicht austauschbar. Egal, was zynische Sprichworte auch immer suggerieren wollen.

10.5 Smalltalk unter schwierigen Bedingungen

Nicht alle Menschen sind gleich kommunikativ, nicht allen gelingt der lockere Einstieg in ein Gespräch, das, zunächst zumindest, dem einzigen Zweck der Unterhaltung im besten Sinne dient. Smalltalk, die gute alte leichte Konversation, ist zwar ein probates Mittel zum Knüpfen und Pflegen beruflicher Kontakte, aber schon die bloße Vorstellung, zu einer derartigen Unternehmung aufbrechen zu müssen, lässt manchen Menschen den Angstschweiß auf die Stirn treten. Dabei soll eine Unterhaltung, ein lockeres Gespräch, wie es der Name schon sagt, unterhalten, Spaß machen und der Entspannung dienen.

Personen, die beruflich viel mit Menschen zu tun haben, fällt der Einstieg in ein Gespräch gewöhnlich leichter, weil sie es gewohnt sind, ihr Gegenüber nach seiner Meinung zu einem bestimmten Thema zu fragen. In dieser Frage liegt so manches, was Menschen zum Sprechen bringt: Sie werden nach ihrer Haltung und Einstellung gefragt, das ist ungewohnt, aber es schmeichelt und befriedigt das zutiefst menschliche Bedürfnis, gesehen und ernst genommen zu werden. Ihnen wird die ungeteilte Aufmerksamkeit (im Idealfall) eines anderen Menschen zuteil, ihnen wird nämlich wirklich zugehört. Das ist etwas, was selten ist.

Über diese Form der Beachtung entsteht eine Beziehung und diese ist die Grundlage für eine gelungene Unterhaltung. Es geht um ICH und DU und das, was daraus entsteht. ICH und DU unterhalten sich über ein Thema, über ein ES. Dabei wird deutlich, dass dieses ES eine untergeordnete Rolle spielt und es nicht darauf ankommt, perfekte Kenntnisse über das aktuelle Tagesgeschehen, über Kunst oder Politik zu haben. Denn erstens versteckt sich kein Punkterichter hinter dem Vorhang und verteilt Wertungen für das Allgemeinwissen, und zweitens wäre jede Vorrangstellung des ES kontraproduktiv, denn es ginge nicht mehr um die Beziehung. Und das wäre schade, denn eine tragfähige Beziehung ermöglicht es Menschen, sich in ihrer Vielfalt zu zeigen und sie trauen sich plötzlich Dinge zu, die sie selbst nicht für möglich gehalten haben.

Dieses gute Gefühl übertragen sie auf den Menschen, der ihnen so aufmerksam zuhört. Und sie werden diese Person bestimmt nicht wieder vergessen – als Mensch, und nicht als wandelndes Lexikon, das austauschbar ist oder das ein Gefühl der Unterlegenheit auslöst.

Ein besonderer Hinweis: Neugierde wäre des Guten zuviel. Das Alter des Gegenübers, seine religiöse oder politische Einstellung taugt nicht als Smalltalkthema.

10.6 Worüber soll man bloß reden?

Schwellenängste bei Smalltalkgelegenheiten kommen oft aus den Fragen „Wie finde ich nur einen gelungenen Gesprächseinstieg?“ und „Über was soll ich bloß reden?“. Es sieht zunächst einmal kompliziert aus, mit wildfremden Menschen ein gemeinsames Thema zu finden, das tragfähig genug ist, um wenigstens für eine gewisse Zeit interessanten Gesprächsstoff zu liefern und genug Stichworte für ein Gespächspingpong bereit zu stellen, damit sich alle angeregt beteiligen können und die Unterhaltung keine zähe Angelegenheit wird, bei der Gesprächspausen sich peinlich in die Länge ziehen und das unterdrückte Gähnen die Mundwinkel schmerzen lässt.

Auch wenn es erst einmal nicht so aussieht, so gibt es doch Gemeinsamkeiten, die alle Menschen teilen - nicht immer im gleichen Ausmaß und in der gleichen Verteilung, aber grundsätzlich schon. Das lässt sich in fünf Bedürfnisebenen zusammenfassen, die aufeinander aufbauen und deren Befriedigung den Übergang zur nächsten Ebene erlauben:

1. Überleben/Grundbedürfnisse wie Essen, Trinken, ein Dach über dem Kopf
2. Sicherheit/Schutzbedürfnis
3. Zugehörigkeit zu einer Gruppe/ Gemeinsamkeit mit anderen
4. Anerkennung und
5. Selbstverwirklichung

Aus diesen Sparten und diesem Aufbau wählt man Themen aus und schon ist ein guter Anfang gemacht. Zum Beispiel kann man das Gespräch eröffnen, indem man - bitte immer positiv! - auf die angebotenen Speisen und Getränke eingeht. Dann erfolgt eine Überleitung zur Sicherheit, indem die Situation auf der Straße, auf dem Hinweg angesprochen wird. Hat darüber genug Austausch statt gefunden, dann kommt Punkt drei ins Spiel, die Gemeinsamkeit. Hier bieten sich Themen wie Hobbies oder Urlaube an, an die beispielsweise die Gestaltung des Außengeländes oder Einrichtungsgegenstände des Veranstaltungsortes erinnern. Anerkennung drückt man durch ein – ehrliches! – Lob oder Kompliment aus. Es sollte weise dosiert sein und die nötige Distanz zum Gegenüber wahren, aber dann ist es ein effektives Mittel zum Auftauen auch unterkühlter Gesprächssituationen.

Die letzte Bedürfnisebene, das Bedürfnis nach Selbstverwirklichung, erfordert in der Ansprache am meisten Fingerspitzengefühl, dankt es aber mit ergiebigen Gesprächen. Als was präsentiert sich das Gegenüber? Was signalisiert er oder sie durch die Kleidung, die Körperhaltung, das gesamte Erscheinungsbild? Hier hat die Frage nach dem Beruf (selbstverständlich erstreckt sich Beruf auch auf die Mutterrolle und die Familientätigkeit), der Position und dem, was daran fasziniert, seinen Ort.

Smalltalk im geschäftlichen Rahmen soll dazu dienen, Geschäftsbeziehungen zu gestalten, zu festigen und auszudehnen. Warum soll es nicht darüber gehen, dass die betroffenen Menschen sich wohl fühlen? Und Menschen fühlen sich dann wohl, wenn sie in ihrer Individualität und mit ihren Bedürfnissen gesehen werden. Das geschieht, wenn in der oben beschriebenen Weise auf die Bedürfnisse in unterhaltsamer und angenehmer Art eingegangen wird. Idealerweise haben dann alle Beteiligten einen netten Abend miteinander verbracht und behalten sich als sympathische und anregende Menschen in Erinnerung.

Ein besonderer Hinweis: Es kann durchaus passieren, dass man bei der beschriebenen Vorgehensweise abendfüllende Gespräche angestoßen hat – dann gibt es nur noch das Problem, wie sie zu gegebener Zeit zu beenden sind. Und das kann ganz schön schwierig werden!

10.7 Selbstoffenbarungsangst bei sich und anderen respektieren

Beim Smalltalk geht es um Beziehung, dann ist das Gespräch gelungen. Nun sagt der Hamburger Kommunikationswissenschaftler Friedemann Schulz von Thun[6], dass jede Botschaft oder Mitteilung, also alles das, was in einem Gespräch gesagt wird, vier Ebenen enthält.
Es ist:

die Sachebene
die Beziehungsebene
der Appell und
die Selbstoffenbarungsebene.

Und diese letzte Ebene weckt Ängste und steht damit oft einem gelungenen Smalltalk im Weg.

Aus persönlichen Gründen, oder auch aus gesellschaftlichen („das sagt man nicht", „nimm Dich nicht so wichtig",...) wird die Selbstoffenbarungsangst geweckt. Sie beruht meist auf der Annahme, dass das Gegenüber negativ reagieren wird, wenn man zuviel von sich zeigt. Aber es nutzt nichts, man zeigt bereits sowieso in den ersten 30 Sekunden eines Gesprächs erstaunlich viel von sich, und das Gegenüber nimmt es auf und gibt seinerseits Informationen über sich weiter. Und hier entscheidet es sich, ob es ein gelungener Kontakt wird oder nicht.

Gute Gesprächspartnerinnen und Gesprächspartner sind sich dieser Selbstoffenbarungsangst bewusst und respektieren sie bei sich selbst und bei ihrem Gegenüber. Sie wissen, dass ein großer Teil der Energien in die Konstruktion des Selbst gesteckt wird und überschreiten weder die eigenen Grenzen, noch die des Gegenübers, indem sie in dieser Angst herumbohren und den Gesprächspartner auf ein Terrain ziehen wollen, das ihm nun mal in dieser Situation nicht entspricht.

Geschickter Weise sollte man dazu die gängigen Angstabwehrmechanismen bei sich und anderen kennen und sich darauf einstellen. Sie lassen sich grob in zwei Kategorien einteilen:

die Imponiertechnik und
die Fassadentechnik.

Die Imponiertechnik ist daran zu erkennen, dass ein Bemühen deutlich wird, sich von der besten Seite zu zeigen. Es wird sich aufgespielt, sich produziert und beweihräuchert. Elegant und unauffällig fließt in den Sachinhalt ein, was dem eigenen Prestige dient. Es kann in der Form einer schwer verständlichen Sprache auftreten, es kann den Heimspiel-Vorteil betreffen, indem das Gespräch auf ein Gebiet gelenkt wird, wo man mit dem eigenen Wissen angeben kann oder mehr oder weniger beiläufig werden Statussymbole genannt, die man sein eigen nennt.

Die Fassadentechnik hingegen dient dazu, alles das zu verbergen, was dieser Mensch an sich selbst nicht mag, beziehungsweise was ihm peinlich an sich ist. So präsentieren sich diese Menschen gern sachlich und unpersönlich, abgehoben oder abstrakt in ihrer Sprache. Mimik und Gestik wirken eingeschränkt und der Tonfall ist distanziert. Auch das Reden von „man“, „wir“ oder „es“, wenn es eigentlich um einen selbst geht, gehört hierher.

Ein guter Gesprächspartner für diese Formen der Abwehr von Selbstoffenbarungsangst teilt diese Angst in gewisser Weise und weiß deshalb, dass sie bei allen Menschen – also auch bei ihm - immer wieder auftauchen, er ist aber darin bereits ein paar Schritte weiter gegangen. Der Weg dazu führt über die Selbsterkenntnis. „Wer bin ich?“, „Was macht mich unverwechselbar?“, „Welchen Nutzen bringe ich anderen?“

Diese Selbsterkenntnis setzt ein Quantum an Selbstbewusstsein voraus und die Fähigkeit, sich im jeweiligen Augenblick seiner eigenen Befindlichkeit bewusst zu sein. Mit der daraus erwachsenden Achtung vor sich selbst entsteht auch die Achtung des Gegenübers – in diesem Fall den Respekt vor den gezeigten Abwehrmechanismen. Dann kann respektvoll auf diese Mechanismen eingegangen werden, indem man sich auf ein durchaus interessantes Gespräch über ein Heimspiel-Thema einlässt oder bei der Fassadentechnik die Distanz akzeptiert und lediglich gut dosiert ein kleines Kompliment, zum Beispiel über die dezente Krawatte einstreut.

Ein besonderer Hinweis: Die konsequenteste Form der Angstabwehr ist Schweigen. Es wird deshalb auch immer Menschen geben, die sich nicht in ein Gespräch ziehen lassen. Aller Bemühungen zum Trotz.

11. Coaching und Karriereberatung

Ich werde immer wieder gefragt, was denn nun Coaching oder Karriereberatung genau ist, welchen Nutzen diese Form der Beratung hat und wie man geeignete Beraterinnen und Berater findet. Denn leider bewegen sich in diesem Berufszweig, der nicht geschützt ist, Menschen mit ganz unterschiedlichen Qualifikationen und es ist schwer, den Überblick zu bekommen.

Generell ist zu sagen, dass Menschen, die beraten, immer auch Schicksal für den Rat Suchenden sind und deshalb sorgfältig ausgesucht werden müssen. Es werden sehr persönliche Dinge angesprochen, oder Dinge, die weitreichende Konsequenzen nach sich ziehen. Und je vertrauensvoller die Beziehung zwischen dem Rat Suchenden und der Beraterin ist, umso erfolgreicher ist sie. Aber das hat auch die Schattenseite, dass der Grad der Beeinflussung hoch ist. Deshalb muss unbedingt gewährleistet sein, dass diese Beraterinnen und Berater auch genau wissen, was sie tun und sich nicht aus eigenen Gnaden Coach nennen. Ihr Theoriehintergrund muss erfragt werden können, damit man auswählen kann und nicht auf den Zufall angewiesen ist, dass das Werte- und Normensystem des Coaches auch mit dem eigenen übereinstimmt. Darüber hinaus ist es nicht schlecht, wenn die Beraterin oder der Berater selbst eine professionelle Beratung in Form einer Supervision in Anspruch nimmt, damit eine kontinuierliche Qualitätskontrolle gegeben ist.

Im Folgenden fasse ich die wichtigsten Punkte im Bezug auf Coaching und Karriereberatung noch einmal zusammen.

11.1 Was ist es und worauf man achten muss

Coaching ist eine Beratung zur beruflichen und persönlichen Weiterentwicklung. Der Begriff stammt aus dem Englischen und bedeutet „Trainer“ – also Sportlehrer, Wettkampfausbilder[12], was ihn zumindest erklärungsbedürftig macht. In unserem Sprachraum taucht für das gleiche Tätigkeitsfeld auch die Bezeichnung Karriereberatung auf, aber hierin liegt die Gefahr, dass er Menschen abschreckt, deren Ziele, die sie mit der Beratung verfolgen, andere sind.

Es ist kein Training im eigentlichen Sinn, denn im professionellen Coaching steht der Rat suchende Mensch mit seinen Wünschen und seinem Potential im Mittelpunkt, und das Coaching richtet sich an alle, die an ihrer beruflichen und persönlichen Weiterentwicklung interessiert sind, unabhängig von ihrem Bildungs- oder Berufsniveau. Durch gezielte Fragen werden die eigenen Fähigkeiten bewusst gemacht und in berufliche und persönliche Perspektiven umgesetzt, so dass auch verfahrene Situationen wieder mit Abstand zu sehen sind und Lösungen gefunden werden können.

Im Prozess dieser Beratung verschiebt sich die Sichtweise: Anstelle des „Ich kann das nicht“ tritt das Sichtbarmachen und dann die Konzentration auf die Stärken der jeweiligen Person. Das Ziel eines Coachings sollte es deshalb sein, Menschen zu befähigen, ihre Träume zu erkennen, an der Realität zu überprüfen und dann in erreichbare Ziele zu verwandeln.

Konkret heißt das, dass Coaching Begleitung in beruflichen Veränderungssituationen, in Konfliktfällen oder einfach dann anbietet, wenn das Bedürfnis nach Klärung des Lebens entsteht. Coaches oder Karriereberaterinnen fördern durch ihre Leistung die Eigenverantwortung der Ratsuchenden, sie helfen dabei, individuelle Leistungsfähigkeiten zu erkennen und sie für die weitere berufliche und persönliche Entwicklung zu nutzen.

Ob dabei Rat gesucht wird zu Themen wie
Karriereplanung,
(Wieder-)Einstieg,
Potentialentwicklung,
Führungsrolle oder
Bewerbungstraining oder
Unterstützung benötigt wird nach einer Beförderung, bei der noch der richtige Ton zu den Mitarbeiterinnen und Mitarbeitern gefunden werden muss bis hin zur
Erarbeitung eines individuellen Profils und der Vorbereitung auf Präsentationen oder Auftritten in der Öffentlichkeit oder dem Fernsehen, alles das findet seinen Ort im Coaching. Durch Begleitung, Unterstützung, konstruktive Fragen

und handfeste Informationen wird der Ratsuchende in seinem individuellen Prozess motiviert, nötige Veränderungen in die Hand zu nehmen.

Allerdings ist es für das Gelingen des Beratungsprozesses unabdingbar, dass eine aktive Beteiligung der oder des Rat Suchenden und die grundsätzliche Bereitschaft zur Übernahme von Verantwortung für die eigene Weiterentwicklung vorliegen. Coaching oder Karriereberatung erfolgt in Einzelsitzungen, in kleinen Gruppen oder in Seminaren.

11.2 Voraussetzungen

Bei der Suche nach geeigneten Coachs sollte darauf geachtet werden, dass ein akademischer Abschluss nachgewiesen werden kann. Sozialpsychologische und erwachsenenbildnerische Fachkenntnisse sollten selbstverständlich sein, ebenso wie eine fundierte und aktuelle Kenntnis des Arbeitsmarktes und seiner Weiterbildungsmöglichkeiten. Ein Netz aus engen Kontakten zur Wirtschaft und zu Hilfssystemen muss vorhanden sein.

Ferner ist es sinnvoll danach zu fragen, ob die Fachlichkeit der Beraterin oder des Beraters durch Veröffentlichungen auch für Nichtfachleute kontrollierbar ist, ob sie auf eine mehrjährige Beratungspraxis zurück blicken können und mit welchen Methoden gearbeitet wird, bzw.

auf welchen Theorien ihre Arbeit fußt. Welche kontinuierlichen Weiterbildungen werden von der Beraterin und dem Berater in Anspruch genommen und wo sieht sie oder er die Triebfeder in der eigenen Arbeit.

Ebenfalls wichtig ist es, ob auf den Abschluss von längerfristigen Verträgen verzichtet wird und keine Entrichtung von Mindestpauschalen gefordert wird. Denn es ist in einem sensiblen Beratungsprozess wichtig, zu jedem Zeitpunkt auf das eigene Gefühl hören zu können: Stimmt die Chemie zwischen Rat Suchendem und Berater, ist das Gefühl vorhanden, vertrauen zu können und auch sehr persönliche Fragestellungen zu besprechen? Und dann bei Verneinen nicht durch finanzielle oder vertragliche Erwägungen im Handlungsspielraum eingeschränkt zu sein, sondern sich jederzeit – auch ohne Angabe von Gründen – aus der Beratung verabschieden zu können.

Jedoch ist aus Gründen der Effektivität ein abschließendes Gespräch anzuraten. Dabei wird sozusagen von einer übergeordneten Ebene aus ein professioneller Blick auf den gemeinsamen Prozess geworfen und bestimmte Gesichtspunkte nochmals hervorgehoben. Offene Fragen können noch geklärt werden und es kann vereinbart werden, ob und wie ein künftiger Kontakt stattfinden soll. Denn vielen Beraterinnen und Beratern ist es wichtig, auch nach längerer Zeit noch etwas von ihren Klientinnen und Klienten zu erfahren, denn es entsteht über die berufliche Beziehung hinaus immer auch ein persönlicher Kontakt und dann interessiert es einfach, was aus dem Menschen, den man einmal begleitet hat, geworden ist. Um Martin Buber zu zitieren: „Ich werdend spreche ich Du. Alles wirkliche Leben ist Begegnung.“[13]

12. Zur Person

Brigitte Marx-Lang ist Erwachsenenbildnerin und betreibt als Coach ein Büro für Perspektivenentwicklung und Selbstmanagement. Sie bietet Einzelberatungen und Seminare – letztere mit dem Schwerpunkt Imageberatung – an.
Unter 06154-6386512 oder www.perspektiven-entwicklung.de ist sie zu erreichen.

Im Zuge ihrer Arbeit befasst sie sich unter anderem mit dem Einfluss so genannter weicher Faktoren auf den beruflichen Erfolg. Dabei kommt „Sympathie“ eine wesentliche Rolle zu. Was macht einen Menschen sympathisch? Gibt es auf breite Bevölkerungsschichten übertragbare Kriterien für Sympathie? Welche gesellschaftlichen Trends prägen welche Vorstellungen von Sympathie?

Daraus geht hervor, dass Sympathie heute wieder eng mit Umgangsformen verknüpft ist und damit Umgangsformen im Beruf eine Renaissance erleben. Sie stellen einen nicht zu unterschätzenden Wettbewerbsvorteil dar, sowohl für die jeweilige Person, als auch für das beschäftigende Unternehmen.

Literaturliste

[1] vgl. Connie B. Glaser
Barbara S. Smally:
Erfolgsfaktor Selbstbewußtsein. Rowolt
Taschenbuch S.36 Verlag, Hamburg 1998
Mehrabian, A.: Nonverbal Communication,
Chicago: Aldine-Atherton, 1972

[2] vgl. Asgodom, S.: Eigenlob stimmt. S.9
München: Econ Ullstein List Verlag,
4. Auflage 2001

[3] Neumann-Prystaj, P.: Herkunft entscheidet
über Karriere, Interview mit Michael
Hartmann, Darmstädter Echo, 06.08.2003

[4] Hengsbach, F.: Die Zukunft liegt in der
„Personennahen Arbeit", Dokumentation
in der Frankfurter Rundschau,
18.09.2002

[5] vgl. Watzlawik, P.: Menschliche
Kommunikation, Bern: Huber 2000

[6] vgl. Schulz von Thun, F.: Miteinander reden,
Bd. 1, Hamburg: Rowohlt Taschenbuch
Verlag, 1999

[7] Hirigoyen, M.-F.: Die Masken der
Niedertracht, S.69, München: C.H. Beck
1999

[8] Hirigoyen, M.-F.: ebenda, Seite 72

[9] Bonneau, E.: Erfolgsfaktor Smalltalk, S.59 München: Gräfe und Unzer, 2002

[10] vgl. Watzlawik, P.: Menschliche Kommunikation, Bern: 2000

[11] Schulz von Thun, F.: Miteinander reden, Bd. 3, Hamburg: S.13 Rowohlt Taschenbuch Verlag, 1999

[12] Mackensen – Deutsches Wörterbuch, München: Südwest Verlag, 1970

[13] vgl. Buber, M.: Das dialogische Prinzip, Darmstadt: Wissenschaftliche Buchgesellschaft, 5. Aufl. 1984